Por favor, me dê mais 15 minutos

Por favor, me dê mais 15 minutos

1ª edição: Julho 2025

Autor:
Luciano Szafir

Edição de texto:
Marco Polo Henriques

Preparação de texto:
3GB Comunicação

Revisão:
Iracy Borges
Debora Capella

Projeto gráfico e diagramação:
Jéssica Wendy

Capa:
Bruno Ortega

Foto:
Morgade

DADOS INTERNACIONAIS DE CATALOGAÇÃO NA PUBLICAÇÃO (CIP)

Szafir, Luciano
Por favor, me dê mais 15 minutos : sobre vencer batalhas
e transformar a vida / Luciano Szafir.
— Porto Alegre : Citadel, 2025.
208 p.

ISBN 978-65-5047-656-4

1. Desenvolvimento pessoal 2. Memórias autobiográficas
3. COVID19 (Doença) 4. Superação 5. Sucesso I. Título

25-2952 CDD - 158.1

Ilacqua - Bibliotecária - CRB-8/7057

Produção editorial e distribuição:

CITADEL Grupo Editorial

contato@citadel.com.br
www.citadeleditora.com.br

Luciano Szafir

Por favor, me dê mais 15 minutos

Sobre vencer batalhas
e transformar a vida

CITADEL
Grupo Editorial

2025

SUMÁRIO

PREFÁCIO

Uma vida repleta de acontecimentos tão inusitados quanto memoráveis. Histórias que, depois de tanto tempo juntos, já se tornaram também um pouco minhas. E todos que o amam adoram ouvi-lo contar, sempre cheio de humor e entusiasmo.

Foi quando, de repente, ainda enfrentando a pandemia ao lado da família, depois de tantas lutas e reviravoltas, veio o destino e virou tudo de cabeça para baixo, novamente.

Só que, dessa vez, tudo parecia irreversível. Dessa vez, a luta não era mais contra as intempéries e injustiças da própria vida, mas sim pela própria vida. Como ele mesmo diz: "contra a ampulheta da vida". Contra a própria morte.

E a vitória aconteceu. A vitória de poder ver mais uma vez os rostos de quem mais ama. De ver amanhecer mais um dia e a árvore que crescia bem embaixo da janela daquele quarto de UTI. Para ver a luz do sol mais uma vez.

Essa é uma história sobre renascimento, resiliência, força, garra, superação, coragem... Acima de tudo, é uma história sobre amor.

O amor que dá valor e tem gratidão pelas coisas simples do dia a dia. O amor que impulsiona a superar qualquer obstáculo, só para poder viver mais um dia. Mesmo naquele hospital. Mas sempre cercado de amor.

O merecido amor que ele conquistou, espalhando sorrisos, simpatia, doçura e bondade, sempre, por onde passou, a vida toda.

Bom filho, amigo fiel, marido excepcional, pai apaixonado. Este livro é dele, mas também é um pouco de cada um de nós, da família e dos amigos queridos que deram seu depoimento por aqui. De todos que estiveram conosco nessa longa, dolorosa, mas vitoriosa caminhada.

É sobre o valor do amor da família e dos amigos. É sobre a fé tão indispensável nas horas incertas. É sobre a certeza de que existe Deus. E de que Deus é amor na vida de um homem que, na dor, só fez fortalecer e fomentar a própria fé e o amor pela vida e pelos seus.

– Luhanna Szafir

CAPÍTULO 1

NADA É TÃO RUIM QUE NÃO POSSA PIORAR

"*Hashem* (Deus) não manda
dificuldades a quem Ele desdenha."
– **O jardim da emuná**

Todas as manhãs inicio minha jornada imerso na água contando piscinas. Foi assim durante os dias em que me dediquei à escrita deste livro, e vai ser assim por muito tempo. Esse é apenas um dos itens de um pacote de reabilitação para superar as sequelas deixadas pela covid-19 na minha vida...

Enquanto repasso mentalmente a agenda do dia, penso nos milhares de pessoas que me seguem e, assim como eu, querem ter um dia único e especial. Acordam para cuidar dos filhos, da pessoa amada, trabalhar ou até mesmo para cuidarem de si mesmas. Mas muitas delas não se dão conta de que estão vivendo mais do mesmo.

Na correria do dia a dia, não percebem que a vida está passando como um filme que se repete e não estão aproveitando a bênção de estarem vivas. Despertam com ânimo suficiente para se levantarem da cama, mas não acordam para a vida e para a importância de viverem cada instante intensamente. Muitos não lembram nem mesmo de respirar. E o tempo, que é o tecido da nossa vida, como sabiamente disse o mestre Antonio Candido, não se refaz, e vai passando, passando, passando...

Quem, como eu, já teve uma experiência de quase morte precisa reaprender a viver. Enquanto pesquisava para escrever este livro, eu me perguntava insistentemente: "Será que é preciso passar por alguma situação-limite para aprender a dar valor à vida? Será que é necessário sofrer na pele e na alma para mudar de atitude?".

Acredito que, na vida, nada é contingente, mas, sim, necessário. Tudo o que nos acontece tem alguma razão de ser, portanto existe sempre uma lição que podemos tirar desse "acaso". O que está fora

> **Será que é preciso passar por alguma situação-limite para aprendermos a dar valor à vida? Será que é necessário sofrer na pele e na alma para mudar de atitude?**

de nós pode até ser contingente ou obra do acaso, mas a nossa essência é sempre a mesma, e é ela que temos de aprimorar para podermos passar pelas contingências da vida e sairmos delas fortalecidos.

Dei essa volta toda simplesmente para atestar que, SIM, podemos aprender bastante com a dor, mas, diferentemente do que muita gente diz e até por tudo o que já vivi, acredito que é possível aprender pelo amor.

Este livro veio para ajudar a mim e a quem mais possa se interessar a transformar cada *vivência* do nosso dia em uma *experiência* digna de nota. Não apenas aqueles momentos raros e grandiosos, como o dia do casamento ou o nascimento de um filho, mas também os mais simples e corriqueiros, como um abraço apertado antes de sair para o trabalho.

Afinal, tudo o que temos é o tempo-tecido de ser e de existir, e a vida é aquilo que fazemos com ele, algo que não pode ser reposto e é tão inefável a ponto de nem sequer percebermos a sua passagem. Mas essa nossa displicência não alivia a conta que temos de pagar. Às vezes, somos surpreendidos por um acontecimento inesperado, como foi a covid-19 na minha vida e na de milhares de brasileiros mortos durante a pandemia. E, de repente, sem mais, tudo muda de lugar, e nos deparamos com uma realidade outra.

"

Tudo o que nos acontece tem alguma razão de ser, portanto existe sempre uma lição que podemos tirar desse 'acaso'.

"

Não sou matemático, mas, como ex-atleta, sempre me interessei muito por números. Recentemente, voltei a passar da marca de dois minutos embaixo d'água sem respirar. E subindo...

Então, peço que tente dimensionar:

O que são 145 dias
em uma escala temporal?
Cerca de cinco meses?
O período da gestação
de um porco-do-mato?

Esse número que escolhi para ilustrar a pergunta não é aleatório, claro. Foi o tempo de internação hospitalar mais longo pelo qual já passei, entre idas e vindas, em razão de um quadro grave de covid-19 e suas sequelas. A fase mais braba da doença veio no terceiro contágio, que começou a se manifestar em junho de 2021, quando eu já estava prestes a tomar o imunizante recém-liberado para aplicação em pessoas com mais de cinquenta anos.

Como esses, tenho muitos outros números que definiram essa jornada no momento mais difícil da minha existência:

- **18 DIAS**, QUASE TRÊS SEMANAS, ESPERANDO POR UMA "ABSOLVIÇÃO" QUE NÃO VEIO.

Internado no hospital Samaritano, no Rio de Janeiro, fiquei à mercê de um agente biológico patogênico desconhecido, invadido por uma horda de corticoides e anticoagulantes para tentar preservar os pulmões, até finalmente receber alta...

Lembro que a Luhanna, amor da minha vida, mãe de dois dos meus filhos e minha cúmplice nos momentos certos e incertos da vida, tinha ido me visitar após quase três semanas sem nos vermos. A felicidade não cabia em nós depois daquela terrível tormenta.

Mas, infelizmente, esse dia feliz terminou em uma noite mais escura ainda. Abdômen inchado, queimação e dor lancinante precederam exames de imagem, que constataram uma obstrução em uma das veias do intestino, causada por um coágulo sanguíneo, que os médicos chamam pelo nome feio de trombose mesentérica. Um quadro gravíssimo resultante das complicações pela covid-19, o qual me fez ser operado às pressas.

- **20 DIAS**, OUTRAS TRÊS SEMANAS, DE APAGAMENTO TOTAL.

Entubado, sem conseguir respirar, tampouco comer ou beber, eu me vi privado das necessidades elementares de todo e qualquer ser vivo. Primeiro no Samaritano, e depois na Rede D'Or, nos hospitais Copa Star e Copa D'Or, para onde fui transferido logo após a colostomização, o mesmo hospital onde o grande ator e maior humorista da sua geração, o queridíssimo Paulo Gustavo, havia falecido fazia pouco mais de um mês, vítima da covid-19.

- **29 VEZES** A MORTE NÃO ME CAIU NADA BEM.

Desde o momento em que fui entubado até o desmame completo da ventilação mecânica ou extubação, em um período de quase uma semana, revivi 29 vezes a minha própria morte por afogamento no mar, só que tudo isso se passava apenas na minha mente. Não é que aquele sufoco me lembrasse o desespero de um surfista derrubado por uma onda muito forte e "tomando um caldo" antes de se afogar; eu *vivenciava* mental e precisamente essa mesma sensação. Os especialistas dão o nome de delírio de terapia intensiva, que afeta boa parte dos pacientes em UTI. Mas também revivi muitos momentos especiais e de felicidade ao lado da minha família. Essa passagem eu detalho melhor no capítulo 5.

- **40 DIAS** EM MEIO AO DESERTO E SEM OÁSIS.

Sem beber água, eu implorava a uma das enfermeiras para que espirrasse algumas gotículas do líquido mais precioso na minha boca com a ajuda de um pedaço de algodão. Um spray de saliva falsa também ajudava a aliviar a secura da boca, alimentando minha esperança de uma redenção que parecia nunca chegar.

- **120 MINUTOS** ATÉ A DOSE SEGUINTE.

Duas longas horas era o tempo de espera no CTI até a dose seguinte de analgésicos e ansiolíticos, os visitantes mais assíduos na fase crítica da minha recuperação no hospital da Rede D'Or. Passava a maior parte do tempo entreouvindo vozes e percebendo vultos. A cada movimento dos enfermeiros, sentia uma mistura de gratidão e impotência. Eles eram os marionetistas que manipulavam os fios da minha recuperação, ajustando medicamentos, monitorando sinais vitais e, às vezes, trocando palavras de encorajamento. Eu queria gritar, mas as palavras se esvaíam antes mesmo de chegarem aos meus lábios. O tempo tinha um ritmo próprio ali, e eu era apenas um espectador.

- **27 SEGUNDOS** PARA RENASCER DAS MINHAS CINZAS.

Como todo mundo sabe que um raio pode, sim, cair duas vezes sobre o mesmo local – leia-se nesse caso "a minha pessoa" –, ainda internado voltei a ficar frente a frente com a morte de forma inesperada. Acordei de madrugada rodeado por médicos, enfermeiros e com muita dor no peito. O monitor de sinais vitais em tempo real estava marcando 180 batimentos. A taquicardia continuou subindo acima de 200 batimentos, e foi preciso realizar um procedimento chamado de cardioversão, em que uma alta dose de medicamentos antiarrítmicos é administrada, fazendo o coração parar completamente.

Cheguei a escutar o som contínuo da máquina, como quando o paciente morre, mas estava totalmente consciente, apertando com força a mão da médica que me assistia. Meu coração foi "desligado" por cerca de intermináveis 27 segundos, e eu me dei conta de que essa deve ser a medida humana da eternidade divina. Como uma fênix renascida das cinzas, a pulsação encontrou seu ritmo novamente, dançando entre as sombras de tanta incerteza. Cada batida, uma vitória, até que finalmente se firmou em 80 batimentos por minuto, ligando um farol de esperança na obscuridade do CTI, onde a vida e a morte travavam uma batalha permanente a cada instante.

Só muito tempo depois, resgatei uma memória a respeito desse momento tão difícil da minha vida e que parecia ter ficado escondido nas sombras da minha mente, como uma estrela apagada no vasto céu da experiência humana. Naqueles instantes críticos em que o silêncio do CTI era cortado apenas pelo som do monitor cardíaco prestes a colapsar, a adrenalina e o medo me consumiam, mas, curiosamente, no limiar entre a vida e a morte, eu fechei os olhos e... Antes que a "luz se apagasse", diante da certeza da minha morte, agradeci a Deus pela vida, que, apesar dos desafios, eu sabia ter sido muito boa. Mas ainda tive tempo para um lamento:

"Eu poderia ter vivido mais."

Improvável ou absurdo, o fato é que essa observação não ficou sem resposta!

Sim, uma voz, que talvez fosse a minha própria consciência, respondeu sem titubear:

**"Você teve uma vida muito boa,
boa pra caralho, e ainda reclama?
Há pessoas que vivem apenas
um ano ou até menos."**

Essa memória, antes soterrada, emergiu com toda força depois de alguns anos, no velório do filho de um amigo querido, um jovem que decidiu interromper sua própria história. Era um dia que deveria ser cheio de luz, mas, em vez disso, nós nos vimos imersos em uma escuridão densa e sufocante. A dor era palpável, uma onda de desespero envolvia todos ao redor. E foi no exato momento de um abraço mais demorado nesse amigo, ao me deixar levar pelo turbilhão de emoções conectadas naquela situação de perda irreparável, que me lembrei da conversa com a voz misteriosa quando estava prestes a "apagar".

Olhando com mais distanciamento para escrever este relato sobre gratidão, não pude deixar de mencionar o filho do meu amigo, cuja chama se apagou tão cedo. Ele tinha apenas vinte anos, e isso inevitavelmente nos confronta com a "horribilidade" – neologismo certeiro cunhado pela nossa poeta maior Adélia Prado – da condição humana. Em meio a essa reflexão, também me veio o exemplo da fenomenal artista e entrevistadora Cissa Guimarães, cujo filho faleceu tragicamente após ser atropelado enquanto andava de skate em um túnel na Zona Sul do Rio de Janeiro.

Tamanha brutalidade abalou não apenas a vida de Cissa, como também a de todos que a conhecem e admiram. No entanto, em meio à sua dor, Cissa demonstra uma força admirável ao compartilhar sua experiência em entrevistas, ressaltando a importância de valorizar cada momento vivido. Sua declaração sempre repercutida de que não considera ter perdido, mas sim ganhado dezoito anos de vida em companhia do filho, sendo este o mais abençoado de todos os presentes, ecoa como um poderoso testemunho de gratidão. Essa perspectiva tem tocado muitas pessoas, inclusive a mim, inspirando reflexões sobre a fragilidade da vida e a importância de valorizar os laços e os momentos que temos com aqueles que amamos.

Ao abraçar a dor do meu amigo no velório do seu próprio filho, em muitos sentidos eu também abracei a lição que a vida me ensinou e recuperei por meio de uma lembrança tão simbólica. A gratidão se tornou minha luz nas sombras, meu guia em meio à tempestade. E, ao constatar que viver é um presente, decido honrar cada dia como uma nova oportunidade, um novo capítulo a ser escrito.

- **29 DIAS** HORIZONTAIS.

A fase de reabilitação dentro do ambiente hospitalar durou um mês e, depois, prosseguiu por um longo período, quando voltei para casa e passei a respirar ar puro de novo. No hospital, sessenta minutos diários de fisioterapia se encarregavam de restituir em mim a consciência dos limites do meu corpo, depois eu voltava a vegetar na horizontal, no máximo sentado, olhando para o teto.

- **50 METROS** DA ULTRAMARATONA MAIS DESAFIADORA DO MUNDO.

No início da recuperação, era impossível caminhar sem passar mal, não conseguia tomar banho e me sentia cansado como se tivesse corrido a maior maratona do mundo. Mas meu quadro evoluía a cada dia.

- **455 DIAS, 15 MESES, 10.920 HORAS, 655.200 MINUTOS, 39.312.000 SEGUNDOS** SOLARES E COLOSTOMIZADOS.

Um ano e três meses, eis o tempo em que vivi na pele a experiência de um paciente portador de bolsa de colostomia. Sempre brinco que fui forçado a trocar a capa de Superman de mentirinha para lidar com o cinto de utilidades de um ser humano real.

- **40 PONTOS** DE FAZER INVEJA AO FRANKENSTEIN, DO PEITO ATÉ A ALTURA DO UMBIGO.

A trilha que fizeram no meu tórax, durante a cirurgia de remoção da bolsa de colostomia, é de causar inveja a qualquer autópsia. O longo tempo pelo qual precisei utilizar o dispositivo ocasionou uma complicação chamada de "abdômen congelado", quando todos os órgãos dessa região ficam grudados uns nos outros, tornando impossível o acesso cirúrgico.

Isso fez elevar a níveis estratosféricos o desafio de remoção da minha bolsa de colostomia. Inicialmente, o procedimento estava previsto para durar apenas uma hora e meia, mas o que deveria ser uma intervenção relativamente simples se transformou em uma jornada de oito horas.

Durante mais de quatro horas, o médico trabalhou meticulosamente, restaurando cada parte do meu aparelho digestivo. Foi necessário separar órgão por órgão, colocando-os de volta em seu devido lugar. Haja fios e agulhas para fazer a sutura da pele no final do procedimento.

O meu abdômen havia sido literalmente "congelado" durante o período em que precisei utilizar a bolsa, cerca de dezoito meses. Devido ao longo tempo de inatividade, o intestino também tinha se acomodado e virado um legítimo "preguiçoso", exigindo atenção e cuidados especiais muito além do que eu jamais havia imaginado.

- **5 POR 2** DE FLUXO SANGUÍNEO, E EU AINDA ESTAVA LÁ.

Chegaram a aplicar em mim uma injeção de noradrenalina, para estabilizar a minha pressão arterial, que despencou para índices baixíssimos na retirada da bolsa de colostomia. Ser ressuscitado é como um milagre, mas ficar frente a frente com a morte deixa marcas difíceis de apagar.

Quando precisei levar um garoto que se machucou jogando bola com meus filhos dentro do condomínio ao pronto-socorro mais próximo, cheguei a ter uma espécie de ataque de pânico. Durante muito tempo, o simples contato com o ambiente hospitalar, ainda que remotamente, por meio de um filme, por exemplo, já me remetia ao terror vivenciado naqueles dias de internação, nos quais, a cada dez minutos, eu não sabia se sobreviveria outros dez.

- **60 CENTÍMETROS** DE UMA NAJA DE BORRACHA DENTRO DE MIM.

Pelo fato de o meu aparelho digestivo não estar funcionando adequadamente após a cirurgia de retirada da bolsa de colostomia, foi preciso introduzir um tubo ou sonda do nariz até o estômago, para facilitar a alimentação e fazer uma limpeza geral.

Fazia pouco mais de um ano da internação por covid-19 e eu já estava no quarto, prestes a receber alta, quando voltei a ser traído pelo meu intestino: uma das alças havia inflamado, e me transformei em um cano entupido pela comida que havia ingerido. Mesmo vomitando, mandaram para dentro a tal sonda da espessura de um canudo de milk-shake pelas vias aéreas, passando pela garganta até chegar ao estômago. Pense na sensação reversa de ter um Alien dentro de si, como no filme do Ridley Scott – nesse caso, ao invés de sair, sendo introjetado.

E cabia a mim fazer os movimentos peristálticos para engolir o tubo alienígena. Uma sensação de afogamento em que o afogado não morre e convive com esse pesadelo recorrente durante uma semana, sem dormir direito, tampouco alimentar-se. Era o único jeito de conseguir fazer a alça do intestino voltar a funcionar normalmente. Cheguei a ter de utilizar a famigerada sonda uma segunda vez, felizmente por apenas dois dias, quando já estava em casa me recuperando, em razão de uma complicação pós-operatória chata, um novo quadro de aderência que fez grudar o meu intestino na parede do abdômen.

- **1.440 HORAS** ININTERRUPTAS EM COMPANHIA DA DOR.

O longo processo de recuperação da covid-19 também teve repercussões pesadas na minha mobilidade, e virei uma versão do Senhor Vidro, em razão de um quadro agudo de inflamação nas articulações do quadril. Dormia e acordava com dor, e passei sessenta dias impossíveis à base de morfina e seus derivados. Um dia cheguei a tomar uma cartela inteira de opioides e por pouco não entrei em coma. A degeneração provocada pela coxartrose evoluiu muito rápido e parei de andar. Lembro-me de ter comparecido à Bienal do Livro a bordo de uma cadeira de rodas.

Essa condição me levou de volta à mesa de cirurgia, e não foi uma nem duas vezes...

- UM QUADRIL E TRÊS CIRURGIAS.

Minha esposa, Luhanna, costuma se referir a mim como alguém que renasceu muitas vezes, flertando com a linha tênue que divide a vida da morte. Foi assim quando coloquei a primeira prótese no lado esquerdo do quadril, em novembro de 2022. A artroplastia é um procedimento comum para pacientes com artrose, e as expectativas vinham embaladas por muito otimismo. A promessa era de que, logo após a cirurgia, eu deixaria para trás as dores que me acompanhavam.

Diziam que, no dia seguinte, já poderia sentar e andar com o auxílio de um andador ou muletas, e que a recuperação total levaria cerca de três meses. No entanto, os dias foram passando, e, em vez de eu me recuperar, a dor se intensificou de uma maneira que eu nunca sentira antes.

Eu havia acabado de me casar, selando um amor que eu e minha mulher construímos ao longo de mais de uma década, mas, naquele momento, parecia que a vida havia se transformado em um filme de terror. Voltei para casa, após a cirurgia, em companhia de uma dor constante e insuportável. Luhanna me via chorando e ficava desesperada, sem saber como me ajudar. Nossa casa, sempre acolhedora, era como um set de filmagem angustiante.

Eu me revirava na cama, gritando de dor, e não conseguia descansar. Um mês, quase dois, sem dormir... As idas ao pronto-socorro se tornaram rotina; injeções para a dor eram a única solução para aliviar tanto sofrimento. O diagnóstico da infecção veio com uma nova preocupação: teria de passar por outra cirurgia. Felizmente, encontramos um médico muito competente que realizou o segundo procedimento, em junho de 2023, e foi um verdadeiro anjo na minha vida; ele me salvou do pior.

Meses depois, operei o lado direito do quadril, e, dessa vez, tudo correu muito bem. Ambas as cirurgias – a correção do procedimento do lado esquerdo do quadril e, meses depois, a colocação de uma prótese de porcelana também do lado direito, fixada aos ossos da bacia e do fêmur – foram bem-sucedidas e completaram a artroplastia total do quadril, o que me permitiu deixar para trás aqueles dias sombrios.

- **210 BATIMENTOS** CARDÍACOS POR MINUTO NO MEU "BEAT ACELERADO".

Estava internado no hospital Vera Cruz, em Campinas, após a cirurgia de colocação da primeira prótese no quadril direito. Minha esposa, Luhanna, havia ido para casa com nossos filhos, e meu amigo Adriano ficou comigo no quarto.

Por volta das nove e meia da noite, comecei a sentir meu coração acelerar, e o aparelho que mede os batimentos começou a apitar, indicando uma arritmia alarmante, com os batimentos chegando a 160, até 170 por minuto. Os enfermeiros intervieram, e a situação se estabilizou apenas temporariamente, até o próximo round.

Passava pouco das onze horas quando os batimentos do meu coração dispararam novamente, dessa vez alcançando inacreditáveis 210 por minuto. Meu amigo Adriano não hesitou e correu em busca de ajuda. A equipe médica chegou rapidamente ao meu quarto e, em uma ação decisiva, administrou uma injeção diretamente no coração, semelhante a um desfibrilador. "Você vai se sentir mal e apagar", me disse uma voz fantasmagórica, com um eco etéreo, antes de eu perder a consciência e apagar...

- MAIS **10 SEGUNDOS** COM O CORAÇÃO DESLIGADO.

Foi realizado em mim aquele mesmo procedimento que pausa o coração, como se ele tivesse passado por um "reset". Os batimentos zeraram por dez segundos antes de começarem a retornar lentamente.

Após a estabilização, os médicos descobriram que o PICC, um cateter que vai diretamente ao coração com antibióticos, estava causando a arritmia. Quando eu me deitava sobre o braço esquerdo, o cateter encostava no músculo do coração, desencadeando a crise. A situação foi extremamente perigosa, mas, graças a Deus, ao apoio do meu amigo e à rápida intervenção da equipe hospitalar, consegui me restabelecer.

Todos os números aqui mencionados certamente poderiam ser menosprezados como um dado a mais no prontuário do paciente que me tornei. Mas eles também carregam em si uma vivência, um aprendizado. E o maior deles é a importância de viver cada instante da nossa vida como se fosse o último.

Parece radical para você?

Um dos principais preceitos do judaísmo é justamente *aproveitar cada instante da vida*, contudo isso vai muito além do sentido clássico de *carpe diem*, o que sem dúvida também é fundamental. Mas há uma dimensão maior de celebração da vida, como sabiamente nos ensinou o inesquecível dramaturgo José Celso Martinez Corrêa, o Zé Celso, com a sua inspiradora expressão "Evoé!".

Trata-se de um grito de felicidade e empolgação dirigido a Dionísio, o deus grego do prazer supremo. No documentário a que todos deveriam assistir sobre esse grande gênio do teatro, ele vaticina como valor primeiro, acima de todas as coisas, a própria vida em si, que sempre valerá a pena ser vivida ainda que a alegria finde e nos reste apenas a dor.

"Que a vida me brinde com a sua dor!", dizia o Zé Celso, ou, em outras palavras, nem mesmo a dor de viver pode ser uma desculpa para não se viver.

Por isso, é fundamental que cada instante de vida seja reverenciado por meio dessa celebração máxima. Afinal, se Deus nos deu mais um momento aqui e agora, significa que Ele confia em nós, e não podemos decepcioná-Lo.

Há uma ponderação que faço tomando emprestada a sabedoria contida nas páginas daquele que é meu guia espiritual de todas as horas: o livro *O jardim da emuná*, com preceitos judaicos cuidadosamente compilados pelo rabino Shalom Arush. Deus jamais faz exigências que não somos capazes de cumprir. Portanto, decepcionar Deus não significa contrariar um pai bravo e exigente, que está sempre esperando o melhor resultado, e sim não dar aquilo que temos de melhor simplesmente por não tentar.

Sempre digo que não devemos pedir perdão a Deus pelos erros, mas, sim, por não termos tentado ser aquilo que podemos ser e para o que fomos chamados neste plano.

E você, de verdade e sem rodeios, sabe qual é a sua missão?

Confesso que a palavra "missão" sempre me incomoda um pouco, porque remete à ideia de grandes feitos, jornadas épicas como as descritas na *Ilíada* e na *Odisseia* de Homero, quando, na verdade, as pequenas grandes coisas dizem muito mais sobre o sentido de estarmos aqui. Quantas vezes nos damos conta de que dias, semanas, meses voam a ponto de estarmos de novo, e de novo, às vésperas de mais um final de ciclo ou de ano, como chamamos normalmente?

Quantas vezes, no afã de resolver as pendências triviais ou mais cabeludas do nosso dia a dia, mal prestamos atenção na minuciosíssima orquestração envolvida para que mais um dia se inicie, ilumine com cuidado os nossos caminhos até a noite finalmente chegar e preparar a deixa para o nosso descanso? Todo esse "trabalho" de excelência vital ao nosso usufruto sem sequer precisarmos mover um único dedo.

Como alguém que já esteve algumas vezes do "outro lado", na linha tênue que separa a vida que conhecemos de algo completamente desconhecido, tenho para mim que o sentido da vida está muito mais próximo do que São Boaventura chama de "grandeza da natureza", que, sabiamente, não tem nada a ver com majestosidade ou ostentação, e, sim, com simplicidade.

Você já se deu conta do quanto a natureza é grandiosa, mas, ao mesmo tempo, se faz presente em detalhes tão ínfimos que podemos pegar entre os nossos dedos, como aquela flor que um dia muitos de nós usaram para enfeitar o cabelo da namorada?

A grandeza do natural não está naquilo que ele ostenta objetivamente: uma montanha como o Monte Fuji, por exemplo, avistada na sua totalidade, certamente enche os olhos a ponto de nos deixar boquiabertos, mas o que nos comove é aquilo que conseguimos "ver além" por meio do nosso olhar de contemplação. É tão "pequeno" andar de mãos dadas com alguém que amamos na rua de casa ou brincar o dia todo com os filhos na piscina jogando Marco Polo em um feriado qualquer, mas, ao mesmo tempo, isso é tão grande a ponto de nossa memória registrar esses momentos e nunca mais esquecermos.

> **"As pequenas coisas da vida são grandes à medida que mobilizam sentimentos profundos."**

E sabe por quê? Porque nessas ocasiões estamos *sentindo*. As pequenas coisas da vida são grandes à medida que mobilizam sentimentos profundos, pois não apenas estamos fazendo algo, como também entramos em comunhão com o que está diante de nós. É nas pequenas grandes coisas que estamos em contato com a nossa verdadeira essência e nos damos conta do que realmente importa.

Uma piadinha, só para não perder a oportunidade: os minimalistas já deviam saber de tudo isso quando cunharam aquela famosa expressão "menos é mais".

Como praticante de jiu-jítsu por 25 anos, que não são 25 dias nem 25 meses, posso dizer que aprendi a importância de cada decisão, cada passo, cada segundo, os quais são inapeláveis e têm repercussão imediata no instante seguinte. Sempre que estava sentindo dor extrema e parecia humanamente impossível dar um simples passo na fase mais difícil de reabilitação motora, por exemplo, eu me via diante do dilema do lutador que fui durante mais de duas décadas, e dizia para mim mesmo: "Campeão, você sabe do que é capaz... Se entregar a luta agora, vai mostrar que é frouxo, então levanta-te e anda!". Não é exagero afirmar que, assim como o amor pelos meus filhos, pela minha esposa e pela minha família, o meu senso de espiritualidade, aliado aos princípios do jiu-jítsu, não me deixou desabar e garantiu o meu salvamento.

Um dos profissionais de saúde mais importantes e presentes na minha recuperação durante a internação hospitalar e também posteriormente, quando já estava em casa dando prosseguimento ao programa de reabilitação, com sessões diárias de fisioterapia, meu xará Luciano, fez uma confidência no período de entrevistas para escrever este livro: ao me ver dar entrada no hospital da Rede D'Or, em Copacabana, com meu corpo já acoplado a uma máquina e a todos os aparatos de ventilação mecânica, ele sinceramente achou que eu não fosse sobreviver.

Esse verdadeiro anjo da guarda já tinha vivenciado a perda do grande ator e maior humorista da sua geração, o queridíssimo Paulo Gustavo, de quem cuidou durante o período de internação até seu falecimento, em maio de 2021, vítima de complicações causadas pela covid-19.

Quando, ainda muito jovem, aprendi com meu saudoso grão-mestre de jiu-jítsu, Otavio de Almeida, a pensar sob pressão e a ter capacidade de superar toda e qualquer situação de sufoco em cima de um tatame, por pior que fosse, não imaginava o quanto a filosofia desse esporte seria determinante para a minha virada no momento mais difícil pelo qual já passei. O filho desse grande mentor, Otavio de Almeida Junior, veio a se tornar um irmão de alma na minha vida, sobretudo após o falecimento do seu pai, e testemunhou meus titubeios durante a fase crítica de internação hospitalar.

As limitações me faziam enxergar o prognóstico mais sombrio, e tome novelão: eu era um cara fodido em cima de uma cama de hospital, pedindo para o meu melhor amigo continuar a missão de encaminhar meus filhos na vida com os mesmos princípios que o nosso mestre maior havia nos ensinado. Olhando em retrospecto, hoje me dou conta de que naquela situação-limite agi como o atleta na posição de baixo e, assim, fiz exatamente como o mestre sempre mandou: "raspei", isto é, inverti a posição e fiquei por cima do adversário aparentemente invencível... Em seguida, montei e ganhei!

Talvez você esteja pensando: *O Luciano contou com a melhor estrutura em saúde e os profissionais mais preparados, por isso conseguiu escapar do pior*. Não posso negar que, em um país com tamanha desigualdade social, como é o caso do Brasil, eu seja um cara privilegiado no que diz respeito ao acesso aos melhores serviços, mas, ainda dentro da filosofia do jiu-jítsu, existe um momento de encarar seu desafio, a popular "hora da verdade", em que só restam você e o seu oponente, e não há para onde fugir. Nessa hora, o nosso porquê de estar aqui, ali, onde quer que seja esse lugar, é a única energia que pode nos salvar.

O psiquiatra austríaco Viktor Frankl, autor do livro *Em busca de sentido*, ficou célebre por sua teoria sobre a razão pela qual ele mesmo e outros sobreviventes de Auschwitz conseguiram suportar o insuportável e sobreviver. O segredo está em uma frase atribuída ao filósofo Friedrich Nietzsche e magistralmente encaixada pelo doutor Frankl em sua teoria: "He who has a why to live for can bear almost any how". Em português, há quem traduza de uma forma mais simples e direta: "Quem tem um porquê enfrenta qualquer como".

A logoterapia, teoria desenvolvida pelo doutor Viktor Frankl, enfatiza exatamente isso, ou seja, a ideia de que, quando a nossa vida tem um propósito maior que nós mesmos, podendo ser o amor a uma causa ou a outra pessoa, ou à família, como é o meu caso, conseguimos encontrar uma força motivadora para atravessar até mesmo o sofrimento mais extremo e ainda ressignificá-lo.

Os espiritualistas acreditam que pessoas com uma razão para viver recebem de Deus uma espécie de bônus para concluir sua missão. Muitos chamam esse bônus de *esperança*, como aquela que alimentou o doutor Frankl e meus antepassados judeus nos campos de concentração e fez com que suportassem o insuportável até poderem prosseguir com sua jornada terrena. Os especialistas em gerontologia e saúde das pessoas idosas também já reconhecem que ter propósito, metas e objetivos, mesmo em idades mais avançadas, não só previne quadros de demência, como também faz com que pacientes com esse diagnóstico tendam a evoluir melhor e com sintomas menos deletérios.

É por isso que insisto: atletas ou não, pessoas com ou sem recursos materiais, cada um de nós é, antes de tudo, um espírito ocupando um corpo, e não um corpo ocupando um espírito. Então, não importa o tamanho do seu desafio; ainda que seja uma muralha de obstáculos, você tem de fazer o que o jiu-jítsu nos ensina: raspar, montar e ganhar.

Ainda que você tenha absoluta convicção da diferença entre a sua situação hoje e a minha, lanço aqui um desafio: o que os seus números dizem sobre você? Pode fazer com a ajuda da calculadora digital, se precisar (não é piada, tá?).

Quantos sapos você engole por dia e, mesmo assim, continua caminhando firme pela estrada da vida, e não saltando ou "coaxando"?

....

....

....

....

Quantos tombos feios já teve na vida e, ainda que com dificuldade, conseguiu se levantar e seguir em frente?

....

....

....

....

Quantas foram as noites em claro lutando contra uma "invasão zumbi" de pensamentos impossíveis de controlar?

....

....

....

....

Quantas horas de estudo passou construindo saberes para consolidar o seu próprio futuro?

....

....

....

....

Esses números traduzem algumas das situações mais desafiadoras da sua vida, com as quais todos temos de lidar.

E quantos corações cabem dentro do seu coração?

> **A gratidão é uma percepção aguçada do mundo, sem delírios ou devaneios – porém focada em experiências positivas.**
>
> MARTIN SELIGMAN

Opa, esse desafio é novo por aqui, e faço questão de começar.

No meu coração cabem quatro outros corações, precisamente os dos meus três filhos – Sasha, David e Mikael –, que são a razão da minha vida, e o da minha esposa, Luhanna, companheira, amiga, amada, amante, com quem estou junto há treze anos e casado com todas as bênçãos ecumênicas desde 2022.

E foi justamente no meio do maior tsunâmi que já se abateu sobre mim, quando me deparei com a morte algumas vezes, que me dei conta de que um homem de cinco corações não pode morrer, ou, pelo menos, quase se equipara aos bichanos, que têm, reza a lenda, sete vidas.

Brincadeiras à parte, a esta altura você já deve ter se notado que, mediados pelas páginas deste livro, estamos conversando sobre as situações mais desafiadoras da vida e de que forma podemos lidar com elas mitigando estragos. Uma dessas maneiras é, sem dúvida, pela prática da gratidão, que é o tema central deste livro – e, de antemão, já aviso não ter nada a ver com uma postura de resignação diante das vicissitudes da vida. Tampouco pode ser confundida com ingenuidade ou excesso de inocência, algo que o escritor britânico Henry Graham Greene chega a comparar a um tipo de insanidade.

Ao contrário disso, a gratidão é uma percepção aguçada do mundo, sem delírios ou devaneios, porém focada em experiências positivas, conforme explica o criador do conceito de psicologia positiva, o americano Martin Seligman. Assim, quando revisito mentalmente ponto por ponto do que enfrentei durante as internações pela covid-19 e suas sequelas, direciono a atenção para os aspectos pelos quais sou profundamente grato. Com isso, consigo construir uma base sólida para o meu bem-estar emocional.

De acordo com meu livro de cabeceira, *O jardim da emuná*, agradecer pelos nossos problemas é o estágio mais elevado de uma postura de gratidão. Não somente é uma indicação de que cultivamos a verdadeira "emuná", cujo significado é fé, como também possibilita o nosso aperfeiçoamento pessoal.

Agradecer pelo sofrimento pode parecer loucura para os mais imediatistas, mas só acredito que um ser humano realmente aprendeu algo e mudou para melhor se ele for grato pelos tombos que sofreu. Uma vez, a genial Rita Lee disse em uma entrevista que se os seus pais tivessem lhe dado uma "vida fácil", ela não teria desenvolvido a mesma disposição para crescer por sua conta e risco. Isso não tem nada a ver com a célebre canção "Ovelha Negra", em que a expulsão de casa pelo pai foi utilizada como licença poética por essa estupenda artista. De todo modo, o agradecimento dela pelas dificuldades que enfrentou indica que a gratidão como *resposta*, mesmo diante das adversidades, provoca um tipo de "prosperidade psicológica", que reverbera em todas as áreas da vida, até mesmo a profissional e a financeira, como no caso da grande Rita Lee.

Já o notável David Bowie, o camaleão do rock, afirma, na canção "Heroes", que todos podemos ser heróis por um dia. Pois essa é exatamente a minha compreensão sobre quem lida com situações desafiadoras e até de sofrimento extremo como relatei aqui, mas, no final do dia, ainda agradece. Se nada é tão ruim que não possa piorar, agradecer pelo "menos pior" de hoje é um gesto de heroísmo digno de aplauso.

Os especialistas na psique humana já são unânimes em afirmar que o luxo na atualidade não tem nada a ver com a posse de bens valiosos, tampouco de juventude ou de uma aparência invejável, e sim com a capacidade de manter uma mente saudável. Eu acrescentaria, sem medo de errar, que o "luxo premium" é, além da resiliência, ser capaz de enfrentar adversidades com uma mentalidade ativa e fazendo uma conexão mais profunda com o sentimento de gratidão.

“Agradecer pelo sofrimento pode parecer loucura para os mais imediatistas, mas só acredito que um ser humano realmente aprendeu algo e mudou para melhor se ele for grato pelos tombos que sofreu.”

CAPÍTULO 2

VIVERIA TUDO OUTRA VEZ, SE PRECISO FOSSE

“Em física, toda ação provoca uma reação proporcional e inversa. Em espiritualidade vale o mesmo. Sofrimentos e tribulações são como portais para o ganho espiritual.”

– **O jardim da emuná**

O homem que eu fui antes da covid-19 **não está mais aqui**.

Ainda assim, e sobretudo por isso, posso atestar que a doença e todas as suas sequelas foram *um presente que recebi da vida*. Fiz exatamente a mesma afirmação em uma entrevista publicada pelo jornal *O Globo* **e faço questão de reafirmar aqui**.

Mesmo tendo "sofrido pra dedéu", como dizia a personagem da saudosa Marília Pêra em uma telenovela – entubação, uso de bolsa de colostomia, colocação de três próteses, raspagem de osso, infecção hospitalar, estresse pós-traumático, e por aí vai –, posso cravar, sem medo de errar, que hoje *eu sou maior do que eu era antes* de tudo acontecer.

Por que isso foi possível e, para espanto de muitos, bastante provável? Viver é, por essência, uma jornada repleta de altos e baixos, de alegrias e tristezas. Em meio a essa dinâmica, adoecer e passar a depender de cuidados, por um tempo curto ou mais estendido, até com perda de autonomia importante, como foi o meu caso, é uma experiência factível, apesar de muito temida. Por razões óbvias, ninguém quer adoecer.

> **"Viver é, por essência, uma jornada repleta de altos e baixos, de alegrias e tristezas."**

Certamente, a medicina moderna trouxe progressos incríveis no tratamento e na prevenção de doenças. Contudo, na maior parte das vezes, esses avanços se concentram mais na cura dos sintomas físicos, negligenciando a dimensão emocional e espiritual da experiência de adoecer.

Por outro lado, se olharmos para a doença não apenas como um fardo, mas também como uma parte intrínseca da condição humana, nossa compreensão a respeito desse "evento" adquire outra perspectiva. Siga o fio aqui, que eu explico melhor.

Naqueles "tempos mortos" em que passei internado, olhando para as paredes e o teto, acabei aproveitando para mergulhar em diversos tipos de leituras. E elas me ajudaram a construir uma nova percepção sobre o papel da doença na nossa vida.

Desde os primórdios até hoje em dia, as enfermidades têm acompanhado o ser humano, moldando sua história e sua evolução, correto? Perfeito. E no nível do senso comum, a maneira como as pessoas percebem a doença é marcada por medo, estigmas e uma visão negativa.

No entanto, poucos sabem, a não ser os estudiosos, que, ao longo da história, diversas culturas interpretaram a doença de maneiras diferentes. Nos relatos bíblicos, conhecemos a interpretação das enfermidades, a exemplo das chamadas Sete Pragas do Egito, como uma punição divina. Já no hinduísmo, a doença é vista como uma chance de reavaliar a vida, buscar a harmonia interior e reconectar-se com o divino. Os budistas, por sua vez, acreditam ser possível direcionar a dor para favorecer iluminação e autoconhecimento e, assim, desenvolver compaixão e sabedoria.

> **"Assim como nossa existência é feita de desafios e obstáculos, a doença nos confronta com nossas limitações e fragilidades."**

O que percebi por conta própria e quero repassar aqui com todas as letras é que a doença pode ser entendida como uma metáfora da vida: assim como nossa existência é feita de desafios e obstáculos, a doença nos confronta com nossas limitações e fragilidades. A vida, com suas provações, é uma luta constante, e a doença é um microcosmo dessa luta, na qual a superação é essencial para a afirmação da vida. Ao enfrentarmos a dor e o sofrimento, somos convidados a olhar para dentro de nós mesmos, a questionar nossas crenças e nossos valores e a buscar um significado mais profundo para nossa existência.

Para o filósofo Nietzsche, que voltou a ser descoberto pelos mais jovens e figurar nos *trending topics* das redes sociais, a doença é uma espécie de oráculo que revela a verdade sobre a vida. Por isso, adoecer assemelha-se a um teste de resistência e uma oportunidade de autoconhecimento. É um momento, como nenhum outro, em que o indivíduo pode descobrir sua verdadeira força.

Jean-Paul Sartre, o famoso pai do existencialismo, vai além e considera a doença como um momento único para exercitarmos a nossa liberdade de escolha. Trocando em miúdos, quando um grande absurdo acontece na nossa vida e nos tira do eixo, somos obrigados a refletir sobre nossas escolhas, a buscar um significado e a agir para responder ao sofrimento.

A sempre inspiradora Simone de Beauvoir, companheira de vida de Sartre e a quem a nossa atriz maior, Dona Fernanda Montenegro, tem interpretado lindamente ao longo dos anos no teatro e até em parques públicos, pondera sobre algo que percebi na prática quando me tornei colostomizado e passei a interagir com outros pacientes na mesma situação: todo doente é alguém vulnerável, mas também alguém que resiste e quer preservar a sua dignidade. Beauvoir enfatiza que, ao aceitar a doença como parte da vida, é possível encontrar um espaço para a autenticidade e a solidariedade entre nós, humanos.

“Ao enfrentarmos a dor e o sofrimento, somos convidados a olhar para dentro de nós mesmos, a questionar nossas crenças e nossos valores e a buscar um significado mais profundo para nossa existência.”

E sabe do que mais? O período de internação, que não foi nada fácil nem prazeroso, me ensinou a ser solidário comigo também: por que me maltratar tanto e me privar de fazer aquilo que me deixa verdadeiramente feliz – "leia-se" TODOS os momentos que dedico à minha família?

A doença foi literalmente um "basta" para eu desacelerar, parar e olhar a minha vida com mais clareza. Um "convite" compulsório para reavaliar as minhas prioridades e o que realmente importa. A começar pela própria saúde, que é um bem erroneamente tomado como garantido até que a perdemos.

Quando a doença chega, somos confrontados com a fragilidade do nosso corpo e a importância de cuidar dele. Sou testemunha viva disso. Claro que sempre fui atleta e procurei ter um estilo de vida saudável – com alguns escorregões, sendo bem sincero, como o período de um ano inteiro em que passei a fumar cigarros de forma exagerada. Mas as limitações físicas que passei a ter após a covid-19 tornaram a adoção de hábitos mais saudáveis uma prioridade na minha vida. Hoje, sair da cama na primeira hora do dia para me exercitar, correndo, caindo na água ou puxando ferro para fortalecer a musculatura não é uma questão de escolha. A minha única opção é: "Não pensa; levanta e vai". Simples assim.

> **"A vida é finita, e; tempo é precioso."**

Nesse sentido, viver a experiência-limite da covid-19 para mim se mostrou uma oportunidade para eu reavaliar meu estilo de vida. Essa experiência também me trouxe um senso de urgência que eu não tinha até então. Sem fazer proselitismo nem demagogia, compreendi que a vida é finita e o tempo é precioso. E essa compreensão me motiva todos os dias a agir, a buscar meus sonhos e, durante e no final de cada dia, a me reconectar com as pessoas mais queridas. O que antes eu procrastinava ganhou relevância e urgência. Para mim, hoje, estar presente com meus filhos e minha mulher é uma questão de saúde mental e emocional, uma outra prioridade da minha vida.

A esta altura, você já percebeu que a experiência da doença me levou a um processo de autoconhecimento profundo. Durante os meus momentos de maior fragilidade, como quando precisava ser conduzido por uma acompanhante extremamente jovem em cima de uma cadeira de rodas, em razão do quadro de coxartrose que desenvolvi, foi como se outras camadas da minha personalidade se desnudassem, revelando novas emoções e medos.

O medo da dor e da morte foi um dos sentimentos mais presentes, e no meu caso em grau quintuplicado, porque eu temia não só por mim, como também pelos meus três filhos e pela minha esposa. Além disso, pensava na minha mãe, que já havia perdido a filha, minha irmã mais velha, para a esclerose lateral amiotrófica (ELA), e provavelmente não suportaria a dor de perder mais um filho. Tudo isso somado e subtraído, a doença me confrontou diretamente com a possibilidade bem plausível de um mundo sem mim, e foi nesse confronto que pude encontrar um espaço para a transformação.

Fui testemunha do nascimento de um Luciano Szafir que buscava significados. Recentemente, diante da tragédia incomensurável da queda de um avião aqui do lado de Campinas, em Vinhedo, que ceifou a vida de 62 pessoas e deixou seus familiares sem chão, essa reflexão sobre o sentido da vida bateu forte novamente, como quando me vi à beira do fim. No caso mencionado, foi uma perda coletiva, mas cada família e, sobretudo, cada indivíduo enfrenta uma dor, um desafio e um sentimento próprio, que certamente leva a questionar o sentido da vida: "Por que isso está acontecendo comigo?". Essa pergunta é inescapável.

Foi exatamente assim no meu caso, porém o buscador de sentido vai além desse estágio primário e também se pergunta: "Qual é a lição por trás dessa experiência?". Essa segunda pergunta nos leva a uma busca mais profunda por significado.

Todas as pessoas que me conhecem mais intimamente comentaram, durante a pesquisa para este livro, que passei a manifestar uma espiritualidade mais rica, embora já fosse praticante moderado dos ritos e orações judaicos. Hoje esses rituais se tornaram mais uma das prioridades da minha vida e são parte intrínseca do meu dia a dia, como relato em outro capítulo. E sabe por quê? Por uma razão muito simples: o bem-estar espiritual, assim como o físico e o emocional, também se tornou uma das prioridades da minha vida.

Sabe aquela música do fenomenal Fábio Jr. que diz mais ou menos assim: "Quando gira o mundo e alguém chega ao fundo de um ser humano..."? Pois é, meu mundo girou de ponta-cabeça, e me dá a impressão de que cheguei ao fundo de um ser humano: eu mesmo. Sim, a experiência da doença e de suas sequelas é um dos mais potentes catalisadores de autoconhecimento, capazes de mudar a vida de um cara como eu para sempre. E digo mais: esse tipo de mudança reverbera também em todas as relações ao nosso redor.

Quando adoeci, meu círculo de familiares – minha esposa, meus filhos, minha mãe, meu genro, meu irmão mais novo, Salomão, e minha irmã gêmea, Priscila, que providenciou a transferência de hospital após a cirurgia de emergência para a colocação da bolsa de colostomia –, assim como grandes amigos e pessoas próximas, se mobilizaram diuturnamente para me oferecer suporte. Essa rede de afeto foi fundamental para a minha recuperação, não apenas em termos práticos e mensuráveis, mas também do ponto de vista das conexões humanas e do apoio emocional. O ato de cuidar e ser cuidado gera um vínculo profundo e precioso, que dura muito além da experiência da doença.

Para você ter ideia, a convivência com a doença e, especialmente, com o uso do dispositivo coletor chamado de bolsa de colostomia me fez uma pessoa muito melhor, porque aumentou a empatia e a compreensão em relação a um sofrimento alheio que, até então, eu desconhecia. De repente, me tornei referência e incentivo para milhares de pessoas anônimas que passam por experiências de enfermidade e se sentem estigmatizadas de alguma forma. Costumo dizer que fui tão agraciado com a condição de doente que ela me permitiu ser um eixo irradiador de compaixão e solidariedade. Essa troca de experiências enriqueceu em primeiro lugar a mim mesmo e, de quebra, ainda promoveu um impacto coletivo expressivo. Diante disso, como não encarar essa experiência que eu tive como um presente da vida?

Há pouco tempo revi, em uma postagem de rede social, uma entrevista da grande atriz Malu Mader no programa *Encontro*, na época ainda apresentado pela Fátima Bernardes, uma das jornalistas de maior credibilidade da televisão brasileira. Malu comentou sobre doenças enfrentadas já na juventude e como isso amplificou a sua resiliência para lidar com as adversidades do dia a dia. A capacidade de enfrentar e superar desafios é uma característica fundamental do ser humano, mas a doença pode ser considerada uma "prova olímpica de resiliência".

Os especialistas chamam isso de crescimento pós-traumático, ou seja, uma faculdade desenvolvida por indivíduos que enfrentam adversidades significativas, como doenças graves, e passam a manifestar um au-

> **A capacidade de enfrentar e superar desafios é uma característica fundamental do ser humano, mas a doença pode ser considerada uma 'prova olímpica de resiliência'.**

mento na satisfação com a vida e no desenvolvimento pessoal. E não só isso. Como bem lembraram a querida Malu e a triatleta transplantada Patrícia Fonseca, também citada neste livro, a escala de importância dos problemas tende a ser totalmente revista. Contratempos ordinários e passíveis de resolução, ainda que trabalhosos, passam a figurar lá embaixo na tabela de tribulações ou até são relevados quanto à sua inconveniência. Revisitar mentalmente a dor passada, como costumo fazer, permite redimensionar problemas de uma forma literalmente curativa. Você se pergunta: "Por que estou estressado com algo tão pequeno, se já fui capaz de enfrentar e superar dificuldades muito maiores?". Essa resiliência em si é um ganho extremamente significativo que alcançamos a partir da experiência de adoecer. Adoecemos para que possamos emergir mais fortes e mais sábios.

Nesse ponto mais alto, é muito importante aproveitarmos para tratar de algo que só é possível avistar aqui de cima: a esperança. Em toda adversidade mais severa, como doença grave, acidente, violência, perda de pessoas queridas, entre outras, a esperança se torna um elemento essencial. A crença na possibilidade de superação é uma força poderosa reconhecida até pelos neurocientistas.

Mencionei em outro capítulo o quanto a esperança desempenhou um papel crucial na manutenção da resiliência de judeus que passaram pela brutalidade do Holocausto. Naquele contexto, a esperança não foi apenas um desejo vago ou uma expectativa de que tudo ficaria bem, mas uma *força ativa* que os moveu a lutar e a enfrentar uma situação extrema com coragem. Como já disse, há pesquisas que demonstram uma clara correlação entre o sentimento de esperança e melhores resultados na saúde. Em outras palavras, os mais esperançosos tendem a ter uma recuperação mais rápida de doenças, níveis mais baixos de estresse e melhor qualidade de vida. A esperança pode influenciar não apenas o lado emocional, como também o estado físico, porque pessoas com mentalidade positiva costumam cuidar melhor de si mesmas e seguir tratamentos médicos com mais comprometimento.

Algumas pessoas que acompanharam mais de perto a evolução do meu tratamento durante e após a covid-19 se surpreenderam com a recuperação apresentada diante do tsunâmi de complicações. Trombose mesentérica, entubação, uso prolongado da bolsa de colostomia, coxartrose bilateral, estresse pós-traumático, tudo isso junto e misturado... E nós estamos como, hoje? (risos)

Minha querida amiga e médica especializada em nutrologia e prática ortomolecular me chama de Superman até hoje, e não é apenas por causa da semelhança com o biotipo de Clark Kent. O “enfermeiro anjo” que cuidou de mim na fase mais crítica no CTI do hospital chegou a comparar a minha recuperação a um milagre, tamanha era a gravidade do meu caso.

A ideia de milagre é belíssima e, como homem religioso que sou, faz total sentido para mim, contudo ela se baseia na concepção de uma força poderosa que vem de fora para dentro e nos salva. Considero importante reforçar aqui outra força que colabora de forma crucial com esse poder maior e todo-poderoso (divino), esta outra se

“A esperança pode influenciar não apenas o lado emocional, como também o estado físico, porque pessoas com mentalidade positiva costumam cuidar melhor de si mesmas.”

manifestando de dentro para fora. O milagre acontece, sim, sem dúvida; afinal, quantas vezes ficamos sabendo de casos excepcionais de pessoas desenganadas que alcançam uma reversão inexplicável do seu quadro? Contudo, essa virada certamente começa em uma semente de esperança que está dentro de nós, e não é uma expectativa passiva. Muito pelo contrário, ela nos impulsiona à ação.

Quando temos esperança, nos sentimos mais motivados a buscar soluções, a lutar por nossos objetivos e a nos envolver em atividades que promovam bem-estar. Em situações de doença, isso pode se manifestar na vontade de seguir um tratamento, na busca por terapias complementares ou na adoção de hábitos de vida mais saudáveis, como foi o meu caso.

Depois dos tratamentos, não tenho mais o mesmo gás para lutar jiu-jítsu nem surfar ou correr como estava acostumado. Mas posso nadar, fazer um pouco de musculação, andar de bicicleta. A rotina de exercícios e a prática da meditação me ajudam a produzir endorfina, então já sei ao que recorrer quando tenho uma crise de ansiedade ou algo do tipo. Não preciso me entupir de remédios para "segurar o facho", no máximo algumas gotinhas de Rivotril e estamos conversados.

Sobre a evolução positiva do meu quadro, não posso deixar de mencionar a hidrofisioterapia, uma técnica revolucionária desenvolvida pelo fisioterapeuta Nivaldo Baldo, que me acompanha desde quando operei os quadris. Como já contei antes, eu estava enfrentando uma condição de saúde delicada com dores muito fortes em razão de artrose coxofemoral, agravada pelo tratamento de covid-19, além de problemas no joelho e nos ombros, resultantes do meu desgaste como atleta, sem falar nas complicações intestinais e no uso prolongado da bolsa de colostomia.

“Quando temos esperança, nos sentimos mais motivados a buscar soluções, a lutar por nossos objetivos e a nos envolver em atividades que promovam bem-estar.”

Em novembro de 2022, passei pela cirurgia de colocação da prótese no quadril direito, que precisou ser refeita, assim como, posteriormente, houve a realização do mesmo procedimento no lado esquerdo. Foi quando, por indicação do meu amigo Adriano, comecei a praticar diariamente exercícios cardiovasculares na piscina, sob orientação do nosso herói Nivaldo. A piscina, com água aquecida a 40 graus, foi e tem sido fundamental no tratamento de artrite reumatoide, dores articulares, arritmia cardíaca e até dificuldades de sono, que agora estão controladas.

Nivaldo desenvolveu um programa especialmente para mim, que inclui a hidrofisioterapia. Ele próprio já enfrentou um estado de saúde crítico envolvendo paralisia e utilizou com sucesso alguns desses métodos terapêuticos. Durante os treinos, mergulho na **água quente** com snorkel e, em seguida, caio na água fria para fazer o chamado *cool down* (esfriamento). Em um dia particularmente intenso, cheguei a sofrer um desmaio na piscina, e foi necessário que me arrastassem para fora da água. A empreitada não foi fácil, dado o meu porte físico, mas felizmente foi apenas um susto. E continuo treinando todos os dias, *motherfuckers*!

Com quarenta anos de experiência, Nivaldo elaborou essa técnica que se mostrou muito eficaz no meu caso e em tantos outros. Faço questão de compartilhar meus avanços aqui para incentivar outras pessoas a utilizarem esse programa de reabilitação. A hidrofisioterapia tem demonstrado importância crucial na manutenção e no aumento da qualidade de vida, além de fortalecer a determinação dos praticantes para enfrentarem as dificuldades.

Que este registro também sirva para inspirar os profissionais da fisioterapia, mostrando o quanto essa especialidade é fundamental. Graças a ela, sigo ativo e preparado para "resolver a vida", venha o que vier pela frente.

* * *

Conhecer nossos limites e lidar com eles está intimamente relacionado ao crescimento pessoal. Ao enfrentarem adversidades, muitas pessoas descobrem um senso de sobrevivência que não sabiam que tinham. Foi o meu caso. Sempre gostei de esportes, até radicais, como já contei; e, na prática avançada de jiu-jítsu, aprendi direitinho a manter a serenidade e a esperar o momento de "raspar" ou "virar o jogo", mas nada que se comparasse aos desafios que enfrentei durante e após as internações em hospital. Uma jornada que, como nenhuma outra antes, propiciou aumento da minha autoconsciência e, por tabela, da autoconfiança.

Sei que soa irônico, mas a doença pode melhorar a nossa saúde psicológica. "Como assim, Luciano?" Não adianta arregalar os olhos, pois é isso mesmo que você acabou de ler. Quando adoecemos, somos obrigados a nos voltar para dentro de nós mesmos e a refletir sobre nossas experiências e emoções, explorando até alguns aspectos inconscientes, porque passamos a prestar mais atenção em tudo, inclusive nos sonhos. Carl Jung, um dos maiores psicanalistas de todos os tempos, discípulo de Freud, estudou a fundo o quanto sermos capazes de nos autoanalisar ajuda no desenvolvimento de uma melhor compreensão de nós mesmos.

Pois bem, os neurocientistas complementaram essa constatação ao demonstrarem que a exposição a um grande desafio aumenta não só o nosso nível de autoconsciência, como também a autoconfiança, o que é muito propício à tomada de decisões. Não é apenas retórica quando afirmo que ESCOLHI encarar a minha doença como uma oportunidade única de aprendizado, e cultivar a gratidão e a esperança faz parte dessa escolha.

“Conhecer nossos limites e lidar com eles está intimamente relacionado ao crescimento pessoal.”

Volto a repetir que esperança não tem nada a ver com postura passiva de quem espera e aceita tudo o que vier. O esperançoso é alguém que carrega no coração a tranquilidade de quem soube fazer a sua hora, como diz de forma tão poética e inspiradora a canção do enorme Geraldo Vandré. E o melhor de tudo é que a esperança não tem um teto ou uma dose limite; é uma virtude que pode ser aprimorada e amplificada ao longo do tempo, do meu e do seu também.

Por isso, faço questão de compartilhar didaticamente a minha experiência, e peço que você aproveite dela o que puder e crie o seu próprio método de alimentar e exercitar a esperança em momentos desafiadores.

VISUALIZAR COM OLHAR POSITIVO

Essa é uma conduta poderosa para cultivar a esperança. Quando estava na cadeira de rodas, eu me visualizava levantando e andando. Demorou uma eternidade para aquilo acontecer – quer dizer, nem tanto assim, mas não podemos esquecer que "*time goes by so slowly for those who wait*", já dizia Madonna –, mas aconteceu, e foi lindo!

Portanto, imagine e registre aqui cenários positivos e desejados para o seu futuro. Essa prática não apenas ajuda a criar um foco, mas também alimenta a crença de que a mudança é possível.

....

....

....

....

FAZER CONEXÕES SOCIAIS

Dedicar meu tempo para me conectar com amigos e familiares foi algo que amplificou sobremaneira a minha força e a esperança de sair de cima de uma cama de hospital e voltar a viver a vida.

Trata-se não apenas de compartilhar pensamentos e sentimentos, como também, e isso é muito importante, de estar aberto para ouvir as experiências dos outros, como a auxiliar de enfermagem do hospital que dividiu comigo o seu relato pessoal sobre a superação de um câncer e me fez ter vontade de continuar vivo. Por mim e por tudo o que a vida ainda pode nos entregar. No capítulo 5 retomo esse encontro tão especial.

Por agora, relembre aqui o que você já confidenciou ou recebeu de partilhas que reforçaram a sua sensação de apoio e esperança. Pode ser algo que você ainda pretende compartilhar.

....

....

....

....

APRENDER CONTINUAMENTE

Sinceramente, acredito que investi no meu desenvolvimento pessoal e sou maior do que era antes da covid-19. Em parte, pela superação resiliente de tudo o que aconteceu, e principalmente pelos novos conhecimentos que adquiri em saúde, acessibilidade, economia do cuidado, direitos dos pacientes com limitações físicas, como os colostomizados, reivindicações de cadeirantes e portadores de deficiências em geral, entre tantas outras informações que eu não tinha até então e fiz questão de buscar. Aprender é uma forma de cultivar e espalhar esperança.

Como dizia o mestre Paulo Freire, esperança do verbo "esperançar", e não do verbo "esperar". Aprender novas habilidades, explorar novas paixões ou se envolver em atividades que nos tragam bem-estar e permitam fazer algo de outro modo, se for necessário, garante um senso renovado de propósito.

A pergunta que não quer calar é:

Quando foi que você se levantou e correu atrás, levou adiante, juntou-se com outras pessoas para construir em vez de desistir?

....

....

....

....

PRATICAR GRATIDÃO

A gratidão, que é o tema-chave deste livro, anda de mãos dadas com a esperança, e vice-versa. Criei na minha vida uma rotina de agradecimentos, na qual literalmente paro para dizer "obrigado" todos os dias àquilo que me faz sentir bem, e o mais importante: registro esses momentos na minha mente, para poder identificá-los sempre que for agraciado com a presença de "tais sucedências", parafraseando um dos personagens do premiadíssimo Mia Couto.

Ainda temos muito a tratar sobre gratidão, mas você pode começar fazendo uma listinha sucinta de alguns momentos que, no seu entender, reforçaram uma perspectiva positiva em meio às dificuldades.

....

....

....

....

Só para arrematar este capítulo tão inspirador, quero ressaltar que, SIM, EU VIVERIA TUDO OUTRA VEZ, SE PRECISO FOSSE, porque a experiência da doença, embora tenha sido o momento mais difícil da minha vida, também me proporcionou resiliência, motivação para a ação e um caminho para a transformação pessoal. Passando por um beco estreito e com pouca iluminação, pude encontrar significado em todas as minhas vivências, redefinir meus valores e aprofundar conexões significativas com os outros.

Aprendi a abraçar a minha fragilidade e fiz as pazes com ela, o que em nada diminuiu a minha coragem e determinação. Pelo contrário. A doença me deu a certeza de que, mesmo nas sombras, existe sempre uma luz que nos guia para algum lugar outro.

E, assim, a jornada deixa de ser apenas uma expectativa e se transforma em movimento. Um ato de fé na beleza da vida e na capacidade humana de superar.

> **“A jornada deixa de ser apenas uma expectativa e se transforma em movimento.”**

CAPÍTULO 3

A SABEDORIA DE ESPERAR A TORMENTA PASSAR – A CONSTRUÇÃO DA PACIÊNCIA

"Problemas são um sinal de que *Hashem* (Deus) está nos chamando para chegar mais perto."
– **O jardim da emuná**

Assim como a coragem não é a ausência de medo, mas a capacidade de caminhar e enfrentar obstáculos *apesar do medo*, a paciência não é a ausência de problemas e de situações desagradáveis, e sim a capacidade de lidar com essas tribulações sem perder o autocontrole. A vida, em sua complexidade, nos apresenta desafios constantes, e é nesse cenário que a paciência se torna uma virtude indispensável.

Muitas pessoas, não pela própria índole, mas por aquilo que o mundo à nossa volta nos cobra o tempo todo, ficam limitadas a uma visão imediatista da vida e não compreendem que o que está por vir sempre é maior. Essa visão superficial nos impede de perceber que cada desafio, cada adversidade carrega consigo uma oportunidade de aprendizado e crescimento.

Vivemos em um tempo em que a dor e as dificuldades estão excessivamente "medicadas", como tão bem explica a psicanalista Maria Rita Kehl. Qualquer sofrimento mínimo, taca ansiolítico! Haja receituário azul para tanta demanda. Na verdade, desde pequenos, e cada vez mais, aprendemos a fazer de tudo para evitar o desconforto. Como se a vida pudesse ser feita apenas de flores, cada vez mais artificiais, é verdade, com tantos princípios ativos interferindo nas nossas sinapses, mas ainda assim uma vida de flores, como o céu do filme *Vanilla Sky*. Flores de plástico, aquelas que nunca morrem, conforme observaram os pais da incivilidade necessária, nossos queridos Titãs.

Ocorre que evitar o desconforto tem um preço alto: a tutela permanente da nossa capacidade de encarar a vida, aprender a lidar com ela e evoluir. Luciano, o que significa evoluir, além de um conceito pra lá de abstrato? Aqui, peço licença para trazer do meu livro de cabeceira, *O jardim da emuná*, o conceito de retificação da alma.

Primeiro, preciso explicar que a palavra *emunah* vem do hebraico e significa "fé". Não no sentido de uma crença cega naquilo que não se pode ver ou provar, mas uma *profissão de fé*, segundo a qual toda experiência na vida, seja ela positiva ou negativa, serve como uma oportunidade para a evolução da alma. A retificação, por sua vez, implica um passo além, precisamente a transformação das nossas falhas e limitações em virtudes, permitindo-nos alcançar um estado de crescimento espiritual e, consequentemente, pessoal. Acho que já deu para perceber que retificar a própria alma não ocorre como em um passe de mágica do tipo "Acordei hoje retificado, pronto!". Hãã? Como assim?

Isso tudo faz parte de um processo, que tem a *emunah*, ou fé, como elemento central e no qual aprendemos a lidar com as dificuldades, reconhecendo que elas são fundamentais para a nossa evolução. Para retificar a alma e evoluir, precisamos nos permitir enxergar além das superficialidades da vida.

"Para retificar a alma e evoluir, precisamos nos permitir enxergar além das superficialidades da vida."

Tudo o que passei durante e após as internações desde que fui diagnosticado com covid-19 pela terceira vez, no auge da pandemia, em 2021, trouxe para mim um entendimento profundo de que o sofrimento e as dificuldades não são castigos, mas oportunidades disfarçadas. Quem me conhece sabe que não sou um cara paciente. Tolerante posso até ser, mas a minha ansiedade sempre foi elevada, até porque penso rápido e fico esperando que tudo se resolva na velocidade do meu pensamento. Sabe como é? Cinco minutos de tolerância (risos).

Piadas à parte, posso afirmar, sem medo de errar, que foram o mal-estar extremo e o medo da perda que me fizeram olhar para a minha falta de paciência com tudo, até com minha esposa e meus filhos, e pensar: "Pera um pouquinho...". Nessa parada estratégica, um Luciano mais paciente e tolerante começou a ser construído.

Sabe aquilo que você exercita todo dia na academia e, de repente, faz uma selfie no espelho e percebe que cresceu? Pois é, a paciência é como um músculo que precisamos exercitar. Quanto mais praticamos, maior ela se torna. Uma das formas de desenvolver a paciência é começar a respirar melhor e prestar atenção de fato em tudo. Atenção plena, já ouviu falar? Estar presente de verdade no momento presente. Deixar a pessoa que você foi no passado e as suas expectativas sobre o futuro de lado sempre que você quiser se conectar com o aqui e o agora.

Quando nos dedicamos a estar presentes em cada momento, conseguimos observar nossos pensamentos e emoções sem nos deixar levar por eles. Isso nos ajuda a responder aos desafios com calma e clareza, em vez de reagir impulsivamente. Este é um livro sobre gratidão, sobre o Luciano grato que foi concebido em 2021 e gestado ao longo de muitos meses. Nesse período de gestação, a gratidão foi uma prática que se entrelaçou com a paciência.

Sempre que concentrava meus pensamentos nas coisas boas da vida, mesmo nos momentos mais difíceis, conseguia manter uma perspectiva positiva e dar mais tempo ao tempo. Eu pensava: "Putz, que merda isso estar acontecendo, mas *pera um pouquinho...* Eu tenho algo aqui e ali pelo que ser grato. Lembra como eu estava no CTI do hospital?".

Esse tipo de pensamento passou a fazer total diferença na minha evolução. Não significa, de modo algum, que passei a ignorar os problemas, tampouco procrastinar a sua resolução; por outro lado, me dou o direito de reconhecer que, mesmo quando fui atingido mortalmente por verdadeiros tsunâmis, continuei vivo. E isso faz total diferença, porque a vida é sempre uma chance a nosso favor.

Trocando em miúdos, comecei a desenvolver paciência sendo mais paciente comigo mesmo. Afinal, não passo de um clone do Superman (risos), tentando lutar com dignidade as minhas próprias batalhas e sem esquecer que a imperfeição é parte da experiência humana. A partir dessa consciência, meus relacionamentos também começaram a melhorar muito.

Sempre fui um cara empático e procurei entender o meu próximo, afinal todos estamos lutando nossas próprias batalhas, mas percebo nitidamente que me tornei muito mais tolerante com as pessoas ao meu redor, especialmente minha mulher e meus filhos. Ou pelo menos tento observar e me policiar mais. E, quando "chuto o balde", não me dou mais do que cinco minutos para proferir um sonoro pedido de desculpas.

> **"A paciência é a chave para construir bons relacionamentos."**

A paciência é a chave para construir bons relacionamentos. Em um mundo onde as interações humanas são tão rápidas e superficiais, como um vídeo do TikTok, cultivar a paciência nos permite aprofundar laços de humanidade. Ser capaz de ouvir, de compreender e de oferecer apoio cria um ambiente em que as pessoas se sentem respeitadas e, principalmente, amadas.

Claro que eu me vejo diariamente às voltas com uma penca de desafios que testam a minha paciência. Seja em um ambiente de trabalho estressante, seja em situações familiares difíceis, tudo me lembra aquelas cenas icônicas da Olimpíada de Paris em que a incansável atleta Ana Sátila, canoísta brasileira, tinha que enfrentar uma enormidade de desafios, de queda d'água a canoa virando e congestionamento de todo tipo de obstáculos, para chegar ao seu objetivo. Sem brincadeira, eu pensava: "Esse é o resumo do meu dia". Bordoada de todo lado, mas é preciso se equilibrar e manter o corpo fora da água para continuar remando em frente.

Para perseguir objetivos e tomar as melhores decisões, não se pode "reagir com o fígado" a cada revés que sofremos. Seja quem for que estiver lendo este livro aí do outro lado, você sabe que qualquer caminho é repleto de desafios e obstáculos. Nos momentos em que nem andar eu conseguia mais, tive que perseverar, manter o foco e continuar avançando, mesmo quando os resultados não vinham imediatamente. Foi essa perseverança que me ajudou a chegar até aqui.

Então, pode anotar aí e repetir na mente até internalizar de vez:

Toda jornada em si
é tão valiosa quanto o destino.

“

Quando nos dedicamos a estar presentes em cada momento, conseguimos observar nossos pensamentos e emoções sem nos deixar levar por eles.

”

Mas vale lembrar que, assim como a esperança, a paciência não implica passividade. Ser paciente não significa ficar inerte diante das dificuldades. Pelo contrário, a verdadeira paciência vem acompanhada de ação consciente e intencional. Isso significa que, mesmo quando enfrentamos problemas, devemos nos empenhar em buscar soluções e aprender com as experiências.

Ei, só para lembrar:

As coisas boas levam tempo para se consumarem.

O crescimento pessoal, a construção de relacionamentos saudáveis e a realização de objetivos significativos exigem esforço contínuo e... *just a little patience*. Já dizia o Guns. Ao aceitarmos que o progresso é um processo gradual, nos tornamos mais capazes de lidar com os desafios que surgem no caminho. A paciência cria um círculo de compreensão que se espalha para além de nós.

> **“A paciência cria um círculo de compreensão que se espalha para além de nós.”**

Fico lembrando da fase inicial da fisioterapia logo que saí do hospital: um passo de cada vez, um dia após o outro... Foi exatamente assim, eu vivi tudo isso. Mas chegou um momento em que “abracei a paciência”. E pasme: foi quando me tornei um agente da mudança na minha própria vida. Cada gesto de tolerância, cada escolha de responder com calma e compreensão abriu em mim mais espaço para a esperança e a gratidão.

Como já disse antes, isso não significa que não tive recaída e desabei uma, duas, três vezes. Altos e baixos, sempre. Contudo, tem algo que o exercício da paciência fez brotar, e isso ficou em mim de uma maneira definitiva: a capacidade de discernir. Hoje posso dizer que sei dimensionar uma montanha quando olho para ela. Analisar se é o caso de escalar ou de contornar, entende?

A vida é repleta de incertezas, e é essa condição que muitas vezes nos assusta. Porém, cabe a nós aprender a discernir o que se pode chamar de "problemas bons" e "problemas ruins". Essa definição muito interessante foi feita pela triatleta transplantada e escritora Patrícia Fonseca, no livro intitulado *Coração de atleta*, que relata sua jornada de enfrentamento e superação de uma doença cardíaca e a construção de uma nova vida, literalmente.

Problemas bons são aqueles percalços momentâneos, cuja solução depende de uma atitude que está ao nosso alcance. Por exemplo, uma dívida financeira pode ser um problema bom, pois, embora traga desconforto, é algo que podemos resolver com planejamento, organização e comprometimento. Da mesma forma, um celular roubado é um contratempo que, embora nos cause frustração, pode ser contornado ao adquirirmos um novo ou tomarmos medidas para proteger melhor nossos pertences.

Já os problemas ruins são aqueles perante os quais nos sentimos completamente impotentes. Um exemplo claro disso é uma doença grave, como o quadro que vivenciei. Nesses momentos, é natural que surjam sentimentos de desespero e insegurança, pois nos deparamos com situações que fogem ao nosso controle. Mesmo assim, a forma como reagimos a esses problemas é o que realmente importa. Como foi o caso da Patrícia, que, apesar de enfrentar sua doença, decidiu lutar e buscar todas as possibilidades de tratamento. Ela não se deixou abater pela gravidade do problema e, assim, encontrou forças para reconstruir sua vida.

A minha própria experiência ao enfrentar as sequelas da covid-19 também ilustra essa realidade. A doença trouxe desafios não apenas físicos, mas também emocionais e psicológicos. Era um problema que, em muitos momentos, parecia insuperável. No entanto, a busca por tratamento, a adesão a um estilo de vida mais saudável e o apoio de familiares e amigos foram cruciais para a minha recuperação. Lidar com esses problemas ruins exige paciência, resiliência e, acima de tudo, a compreensão de que, mesmo diante do adverso, podemos escolher como reagir.

Hoje faço essa distinção entre problemas bons e ruins o tempo todo: "Ah, isso aqui está me tirando o sono? Pera aí, mas e aquela sensação de sufocamento quando estavam introduzindo um tubo na sua traqueia (eu falando comigo mesmo) e a sedação nem tinha começado a fazer cócegas? E aquela combinação de perda de controle, privação de oxigênio, zumbido das máquinas e o desespero de saber que poderia nunca mais ver os amores da sua vida?". A conclusão mais sensata, diante disso, é que a montanha de agora não é tão alta assim, *giusto*?

> **Cada obstáculo é uma lição, cada desafio é uma oportunidade de nos tornarmos versões melhores de nós mesmos.**

Meu amigo, minha amiga, os problemas só existem para serem resolvidos. E o bom dessa dinâmica toda é que, ao lidarmos com eles e superá-los, isso significa que estamos crescendo. Cada obstáculo é uma lição, cada desafio é uma oportunidade de nos tornarmos versões melhores de nós mesmos. A paciência me faz esperar o tempo certo para agir e entender que a vida é movimento e processo. Instantâneo, só lámen japonês.

Saber esperar a tormenta passar é uma arte. Cada respiração, cada olhar, cada gesto durante os dias em que passei internado tinham a medida de uma eternidade. A noção do instantâneo, por sua vez, tonou-se uma ilusão, um lampejo fugaz que se dissolvia na vastidão dos tempos mortos.

Quando revisito mentalmente a fase da doença na minha vida, vejo o quanto o Luciano de hoje foi moldado por essas experiências, pelas dores e alegrias nela vivenciadas. Cada dia era um capítulo em uma narrativa que se desdobrava lentamente, como a folha de uma árvore que, ao ser tocada pelo vento, revela suas nuances. Eu voltei a caminhar, sim, com minhas pernas, mas elas me levaram por um caminho distinto, entre o que eu fui e o que poderia ser, e nessa transição me veio um sentido da vida que ousei capturar, agora não mais como um simples sonho que se dissolve ao acordarmos.

É uma vida mais quente, sabe? Com memórias mais perenes e nítidas das tardes frias, das risadas compartilhadas e dos momentos em que a vida se mostra na sua plenitude. Cada lágrima, cada riso, cada expectativa frustrada tem um sabor único.

A vida, com suas reviravoltas, é um constante desafio às nossas percepções. Nada pode ser definitivo, mas, ao aceitarmos essa impermanência, somos capazes de encontrar momentos que se eternizam na mente de quem viveu. É como se, em um instante, tudo se alinhasse e a vida nos revelasse sua face mais pura.

O Luciano que veio dessa experiência é alguém que aprendeu a encontrar beleza nas pequenas GRANDES coisas. A forma como a luz do sol entrava pela janela do quarto do hospital no dia da minha primeira alta, o som da risada da Luhanna no dia do nosso casamento, logo depois da superação da covid-19, a música que tocava ao fundo enquanto caminhávamos para receber a nossa bênção... Esses momentos, ainda que breves, ajudam a me manter conectado com o homem que sou hoje.

Quando esperamos a tormenta passar, e ela passa, aprendemos a arte da paciência, da espera e da gratidão. Não há necessidade de apressar o tempo ou de buscar a eternidade em um instante. O que precisamos é viver plenamente cada etapa, cada desafio, cada alegria. Esperar... Essa palavra, com seu peso e sua leveza, ecoava no meu coração e na minha mente durante todos os dias do meu longo tratamento.

"Luciano, o que significa realmente esperar? É um ato passivo, uma rendição à incerteza, ou é, na verdade, uma forma de resistência?" Quando digo que aprendi a esperar a tormenta passar, estou me referindo à capacidade de suportar as tempestades da vida. Cada um de nós, em algum momento, já se viu à mercê de ventos furiosos, de chuvas torrenciais que ameaçavam nos arrastar. Comigo foi o tsunâmi da covid-19 e suas sequelas. E, em meio a esse tumulto, saber esperar se torna um ato de coragem.

A vida é feita de ciclos, e cada ciclo traz consigo suas próprias tempestades. Existem aqueles que se escondem e tentam encontrar abrigo à primeira gota de chuva. Outros, no entanto, parecem saber que toda tormenta tem seu fim, que o sol voltará a brilhar. Esses são os que não fogem da dor; eles a acolhem, compreendendo que a espera também é parte do processo.

“

Quando esperamos a tormenta passar, e ela passa, aprendemos a arte da paciência, da espera e da gratidão.

”

Quando uma tempestade se aproxima, a primeira reação é geralmente o medo. Eu morria de medo do desconhecido que foi essa doença, do que viria a seguir. Ninguém sabia de nada, as vacinas ainda estavam prestes a chegar. Paulo Gustavo, comediante maior da sua geração, infelizmente morreu antes de poder se vacinar.

Naquele momento, me vi literalmente perdido, buscando refúgio na indicação de profissionais da medicina amigos, tentando controlar o incontrolável. A incerteza era tanta que precisei me conectar com minha essência mais profunda de pai de família, homem religioso, amigo afetuoso. Antes de tudo, aceitei a minha vulnerabilidade, reconhecendo que sou parte de um todo maior. Isso para mim sintetiza com precisão a sabedoria de esperar a tormenta passar.

Não sou tão siderado a ponto de acreditar que cada gota de chuva tem seu propósito, mas é inegável que a vida tem uma dança própria, feita de transições. O Luciano modelo e lutador de jiu-jítsu, o Luciano ator e pai, o Luciano empresário e homem de família. São fases da minha trajetória.

Para um cara ligado na tomada e ansioso no último, desenvolver a capacidade de esperar é um acontecimento digno de prêmio, não? E todo mundo sabe que as turbulências nunca vão embora. Quer dizer, elas vão embora, porque na vida nada é permanente, mas outras vêm e virão. Neste momento, você me pergunta: "Se a vida é feita de

> **"Ter paciência nos propicia lições profundas que não poderiam ser apreendidas em um momento de pressa."**

turbulências e de dias apressados, é possível ter paz?". A resposta, talvez, resida na prática da paciência, que é o tema central deste capítulo.

A sabedoria de esperar nos ensina que algumas etapas não podem ser puladas. A cura leva tempo, assim como a cicatrização e o crescimento. E, em muitos casos, ter paciência nos propicia lições profundas que não poderiam ser apreendidas em um momento de pressa. As árvores, por exemplo, não apressam seu crescimento. Elas se enraízam na terra, absorvendo a água da chuva, a luz do sol, os nutrientes do solo. E, com o tempo, se tornam prontas para oferecer sombra e abrigo a outros seres. Elas nos mostram que cada estação tem seu tempo, e que a espera é parte do ciclo da vida.

A paciência nos leva para um espaço de introspecção, em que encontramos a oportunidade de olhar para dentro de nós mesmos. É um convite ao silêncio, à reflexão sobre nossas emoções e nossos desejos. Na solidão da espera, a mente se torna um labirinto onde podemos nos perder e nos reencontrar. As tempestades externas podem gerar caos, mas é no interior que encontramos a verdadeira tempestade, aquela que se desenrola entre nossas inseguranças, nossos medos e nossas esperanças.

O ser humano paciente é alguém que confia no fluxo da vida. Apesar de suas reviravoltas, dos seus altos e baixos. É como se fôssemos folhas levadas pelo vento, permitindo que ele nos conduza, sem resistência. Essa confiança não significa passividade, mas uma entrega consciente ao que está por vir. É saber que devemos nos permitir crescer, mesmo que isso signifique passar por períodos de seca e tormenta. Somos todos navegantes em um mar de incertezas, mas também de infinitas possibilidades.

A paciência nos ensina sobre a importância do agora. Muitas vezes, estamos tão concentrados no que está por vir que nos esquecemos de viver o presente de modo pleno. A sabedoria de esperar a tormenta passar é, na verdade, um convite a viver cada instante com intensidade. É no agora que encontramos a beleza das pequenas GRANDES coisas. Cada detalhe nos mostra que a vida se desenrola em nuances, como uma sinfonia que toca em diferentes tonalidades. As tempestades são parte dessa melodia, e a sabedoria de esperar nos ensina a dançar ao ritmo das mudanças.

Cada um de nós tem sua própria tempestade a enfrentar, mas, ao olharmos uns para os outros, somos lembrados de que não estamos sozinhos. Sim, a paciência nos conecta com as pessoas à nossa volta. Em momentos de grande tormenta, como aqueles pelos quais passei, meus familiares amados e amigos se juntaram, buscando abrigo uns nos outros. Quando eu já podia falar, as conversas se tornaram mais profundas; as risadas, mais sinceras. Já disse em outro capítulo e reforço aqui: a possibilidade da perda e do fim nos convida a valorizar os laços que fortalecem nossa jornada, porque, "na hora do vamos ver", o amor e a amizade são as armaduras mais poderosas para enfrentarmos as batalhas e sairmos vitoriosos.

"Cada um de nós tem sua própria tempestade a enfrentar, mas, ao olharmos uns para os outros, somos lembrados de que não estamos sozinhos."

Esperei a tormenta passar, amparado por uma "armadura de afeto", e comparo esse processo a uma verdadeira jornada de autoconhecimento. Foi um caminho tortuoso, que me levou a confrontar minhas limitações, a aceitar minhas fragilidades, mas também a celebrar minha força. Eu, Luciano, aprendi que temos o poder de escolher como reagir. Podemos nos deixar levar pelo desespero ou encontrar serenidade na espera. A escolha é sempre nossa.

CAPÍTULO 4

O ARQUITETO DE SI MESMO - NÃO EXISTE ESCADA COM UM DEGRAU SÓ

"Um velho ditado hebraico diz: 'Até mesmo uma jornada de mil quilômetros começa com o primeiro passo'."

– **O jardim da emuná**

Vivemos em um mundo onde as pessoas, sendo *influencers* ou não, cada vez mais parecem viver em função dos *likes* que os outros possam lhes conceder. O sociólogo Bauman diz que os amores se tornaram "líquidos", em uma referência à efemeridade das relações humanas na atualidade. Mas aqueles que se tornam escravos de uma imagem construída para impressionar ou agradar a terceiros me fazem pensar que a própria individualidade ou subjetividade está se tornando líquida. Na ânsia de agradarem e se superarem a todo instante, somatizam e adoecem. Isso é uma verdadeira prisão.

Para outro grande pensador, Spinoza, um dos maiores nomes da filosofia moderna, a liberdade só existe de fato quando a motivação para todo e qualquer gesto vem de nós mesmos, e não por imposição externa. E Deus nos quer alinhados com essa "*hermana muy hermosa que se lhama libertad*", como cantava a inigualável Mercedes Sosa, senão não teria nos dado o dom do livre-arbítrio.

Certamente, não conseguimos viver uma felicidade plena sozinhos, necessitamos das outras pessoas, mas, antes de tudo, precisamos assumir o papel de arquitetos da nossa própria vida.

Vivemos um tempo de profundos questionamentos e uma preocupação maior com a inclusão, o que nos fez despertar para o problema do etarismo. Ora, o declínio do corpo é uma condição irrefutável, mas ele não precisa nem deve representar um declínio em todas as esferas da vida, até porque se, com a maturidade, aprendermos a fazer o que a alma pede, finalmente poderemos alcançar a verdadeira felicidade, como propõe o rabino Arush no livro *O jardim da emuná*.

Eu acrescentaria uma humilde azeitona nesse empadão de sabedoria: mais importante que ter a alma retificada é empreender uma jornada retificadora que permita de fato refletir uma nova luz.

Ainda nesse meu livro de cabeceira, uma das histórias de que mais gosto contadas pelo rabino é aquela em que ele compara um judeu religioso que conhece a Torá de trás para a frente e seu irmão não religioso, muito mais jovem, que, apesar disso, mesmo sem seguir à risca os ritos judaicos, como o Shabat e as mitsvót, que podem ser traduzidos como mandamentos, leva uma vida mais próxima dos princípios de Hashem (Deus).

Um dos pontos que chamam a atenção do rabino é a perspectiva positiva conectada à luz da fé apresentada pelo mais jovem, concentrando energia em atividades prazerosas e compensadoras, que transcendem as necessidades, enquanto o religioso carrega um fardo insuportável de sofrimentos e preocupações. O primeiro, embora ainda não se atente para ritos importantes que enchem a vida de significados, está seguindo por um caminho purificador, que, lá na frente, poderá culminar com a compreensão da dimensão mais profunda da fé.

O mais importante nesse exemplo dado pelo rabino é que jamais devemos emitir julgamentos sobre os outros e sobre nós mesmos com base em aparências, como fazem os etaristas de plantão.

Quando me tornei um colostomizado em razão do quadro de trombose mesentérica – quando um ou mais coágulos entopem as principais veias do intestino –, durante a minha internação para tratar a covid-19, a princípio foi como se eu tivesse sido condenado a uma existência insuportável de problemas e limitações. Desse momento inicial até a minha subida na passarela para desfilar com a bolsa de colostomia exposta, menos de cinco meses depois, me impus outra sentença: parar de reclamar ou de ficar deprimido e dizer "graças a Deus" todos os dias por aquele "cu de babuíno" ter sido aberto no meu ventre e me permitido atravessar mais um ano de vida ao lado da minha família.

Não digo que foi uma empreitada "*soft and sweet*", de modo algum, mas aquele gosto amargo dos julgamentos severos sobre a minha cabeça o tempo todo cessou imediatamente. Nesse ínterim, conheci muitas pessoas colostomizadas que passaram a compartilhar comigo suas dificuldades e a me agradecer por ter assumido essa condição sem filtros. E, principalmente, sem autovitimização.

Acredito sinceramente que cada alma tem necessidades individuais, únicas e intransferíveis, mas fazer parte de um grupo como o das pessoas que utilizam bolsa de colostomia por um bom tempo, cerca de um ano, acentuou o meu processo de observação, avaliação e ação. Entendi que aquilo era um obstáculo temporário, e não iria adiantar nada ficar deprimido ou desesperado. Então, decidi fazer do meu problema uma forma de melhorar como ser humano.

Mais jovem, sempre fui um "sujeito *fearless*", que, em tradução livre, significa alguém destemido, o popular valentão. Vivia testando meus limites e não tinha medo de nada. Gostava de praticar esporte radical, enfrentava qualquer parada e até saltava de paraquedas. Via uma pedra na praia e já queria subir e pular no mar. Pratiquei salto ornamental, e, quando tinha um trampolim dando sopa, chegava a saltar na água de uma altura de até dez metros.

Certa vez, enfrentei um homem armado que tentava estuprar uma jovem na praia de Maresias. Também já sobrevivi a dois capotamentos de automóveis sem nenhum arranhão. Em outra ocasião, me vi com uma metralhadora na cabeça enquanto levava duas amigas estrangeiras para conhecer o Cristo Redentor. E só sobrevivi porque a polícia interveio e acabou matando os traficantes.

Em 2008, escapei por milagre de um incêndio no apartamento da Xuxa, mãe da minha filha Sasha, quando ainda morávamos juntos. Engoli muita fumaça e fiquei dias internado, mas o meu resgate foi digno de uma cena de cinema: preso no segundo andar da cobertura, cheguei a pular pela sacada para não ter que passar pelo primeiro andar, onde o fogo, que havia começado em razão de curto-circuito nos enfeites da árvore de Natal, já havia se alastrado. Os bombeiros foram acionados; foi uma situação de alto risco e extremamente perigosa. Mas me recordo que nem sequer tive vertigem ao me deparar com uma altura de centenas de metros quando me locomovi pela parte de fora da cobertura até alcançar a escada onde a Xuxa me aguardava para descermos e sairmos do edifício.

Em todas essas ocorrências, jamais pensei na morte como uma possibilidade real, até que veio a internação por covid-19, com sequelas inimagináveis, e tudo mudou completamente... Passei a ter de lidar com ataques de pânico e medos infundados, até mesmo quando me deparava com uma cena mais forte de aventura ou de violência em filmes e séries. Evidentemente, essa foi outra sequela de todo o processo de enfrentamento da doença, e contei com acompanhamento terapêutico, que me ajudou a superar.

Entretanto, hoje me dou conta de que, mesmo quando ainda estava no olho do furacão, recém-colostomizado, busquei forças e decidi enfrentar o impensável literalmente de pé e com a cabeça erguida, o que à primeira vista pode parecer uma espécie de contradição antagônica, como dizia Mao Tsé-Tung, o cabeça da Revolução Chinesa. Na verdade, hoje penso que a fase mais terrível da doença foi, sim, um divisor de águas, não apenas porque, de fato, houve um antes e um depois, com a minha própria vida e a da minha família tendo sido virada de cabeça para baixo, mas, sobretudo, porque tive de compreender uma outra dimensão da coragem. Foi como ressignificar aquele tipo de bravura associada ao estereótipo do aventureiro e, até certo ponto, do valentão, que está impregnado em nossa cultura machista, para algo mais próximo da expressão latina "*coraticum*", que designa o sentimento de coragem que vem não de um físico avantajado, e sim de um "coração forte".

Como eu me sinto agora? "Mais forte, mais feliz, quem sabe", como diz a letra daquela canção. Trabalhando em diversos projetos ao mesmo tempo, minha mente está mais tranquila, os ataques de pânico diminuíram muito, tomo remédios controlados ainda, mal voltei a dormir melhor. Fazendo um exercício de auto-observação, percebo uma mudança significativa na minha noção de longevidade. Lembro-me de um tempo mais longínquo em que gostava de brincar com a minha esposa, Luhanna, de chegar aos 120 anos, bem "velhinho" e cheio de netos, e ainda caminhar na praia com ela, quem sabe até surfar.

Hoje não visualizo mais esse "senhor centenário" vivendo em um futuro idílico. Alguém pode dizer que me tornei mais pessimista quanto à minha capacidade física e mental, observação correta em parte, afinal tenho o direito de exercer o meu lado capricorniano de vez em quando (risos). Mas, sinceramente, prefiro interpretar essa mudança como o fechamento de um ciclo e, por consequência, o início de outro, no qual o futuro lá na frente importa

> **“Não existe escada com um degrau só nem obra concluída apertando um único botão.”**

menos do que a sua construção. Até porque não existe escada com um degrau só nem obra concluída apertando um único botão.

Essa sensação de chegar ao final de cada dia e ver que, mais uma vez, fui capaz de "resolver a vida" não é apenas um retrato do meu *momento*; é um *movimento* que me impele a seguir adiante. Quando um arquiteto planeja a edificação, tão importante quanto o projeto em si é o anteprojeto, no qual são apresentados os componentes construtivos; ou seja, podemos projetar a nossa vida como um croqui ou uma maquete maravilhosa, mas nada se concretizará de fato sem detalharmos a planta de cada ambiente.

Quando ficamos gravemente doentes, nos damos conta de que o dinheiro e outros recursos materiais nem sempre podem devolver a nossa saúde, tampouco servem de consolo, porque as limitações não nos permitem desfrutá-los, conforme explica o rabino Arush. Então, compreendemos que não estamos no controle da situação a ponto de podermos projetar o futuro. E, sobretudo, passamos a enxergar aquilo que é essencial, o tal "anteprojeto de nós mesmos", no qual a nossa vida se faz executável de fato.

A primeira vez que me sentei em uma cadeira de rodas ao sair de um avião para chegar até o táxi, quando já tinha desenvolvido artrose nas articulações dos dois lados do quadril, em virtude de tanto tempo que passei deitado e sentado durante a internação por covid-19, lembro que chorei o trajeto inteiro – de boné, cabeça abaixada e com as mãos no rosto para disfarçar o meu pranto. Alguém perguntou: "Você tá bem?". Aleguei um pouco de dor de cabeça, mas a verdade é que não me conformava de estar sendo conduzido como inválido por uma jovem de vinte e poucos anos. Eu não conseguia mais andar, e, naquele momento, reconheço que não estava pronto para isso. Mas o tempo também é um exímio arquiteto e vai trabalhando...

Aos poucos, passei a brincar e até pedia para apostar corrida de cadeira de rodas (risos). Lá pela 15ª vez, eu desafiava a minha fisioterapeuta Kelly, profissional incansável e de extrema competência que me acompanhou durante todo o processo de recuperação: "Vem cá, você está fraquinha hoje, hein? Vou chamar alguém mais forte para me carregar, vamos acelerar!". Não é somente rir da própria desgraça, mas compreender que ficar reclamando não vai fazê-lo sair da "bosta" – perdão pelo palavrão – em que está atolado. Então, "bora" tocar a marcha, entende?

Viver é ter de lidar com o declínio permanente, e ele vai chegar. Isso é inarredável. Não adianta espernear. Não há o que fazer quanto a isso. Mas, em outra frente, e a doença me fez enxergar isso, sim!

Quando temos um problema com P maiúsculo, não dá para fingir que ele não existe, mas podemos, SEMPRE, escolher como vamos encarar esse "bicho feio": blasfemando, injuriando e arrastando a própria alma ou... aproveitando da melhor maneira possível o tempo que ainda resta, algo absolutamente incerto tanto para os enfermos quanto para os sãos.

> **"Viver é ter de lidar com o declínio permanente, e ele vai chegar. Isso é inarredável. Não adianta espernear."**

Viver é ter de lidar com o declínio permanente, e ele vai chegar. Isso é inarredável. Não adianta espernear.

Sobre isso, gosto de citar o exemplo de um cuidador no Japão que morreu antes do paciente com Alzheimer, o que é perfeitamente possível, já que as demências não são doenças letais em curto prazo.

A condição humana é como um estado-pêndulo nas eleições norte-americanas: ninguém pode ter certeza do momento seguinte, somente quando ele se consuma de fato. Por isso, temos que aprender a dar valor àquilo que realmente importa, e infelizmente isso tende a acontecer apenas quando nos deparamos com a perda ou a iminência dela.

Não é que seja ruim alguém ter acesso ao que a vida pode oferecer de melhor, porque isso automaticamente irá torná-lo uma pessoa fútil e inconsequente. Mas é como no caso do cuidado para que o excesso de luminosidade não prejudique a nitidez da visão, função desempenhada pelas pupilas dos nossos olhos: muito estímulo externo tende a comprometer a capacidade de enxergar da nossa alma, ou seja, o nosso discernimento.

Não por acaso, o discernimento é considerado pelos católicos uma atribuição do Espírito Santo. Dar importância apenas àquilo que tem valor palpável ou mensurável pode ser um sinal de cegueira provocada pelo tanto de estímulos que recebemos de fora. Ao passo que a consciência das perdas que podemos ter nos obriga a focar aspectos mais profundos e significativos.

Quando estava para morrer na cama do hospital, lembrei que meu filho havia me chamado para jogar bola com ele um dia antes da minha internação, mas despistei: "Vamos deixar para amanhã". Acontece que não houve o amanhã, e o depois de amanhã demorou muito...

Há uma música do Jorge Ben, chamada "Cinco minutos", que trata exatamente do valor desse tempo aparentemente irrisório na nossa vida e de cuja crucialidade não nos damos conta. A consciência da perda transforma, porque nos dá um chacoalhão e nos obriga a ter mais foco. Como se passássemos a enxergar com "olhos de ver".

Eu, ex-lutador de jiu-jítsu, modelo, ator, empresário, alguém que teve excelentes oportunidades na vida em razão de uma condição social mais favorável, de repente, estava arriado em cima de uma maca, atendido com toda a dedicação por uma pessoa desconhecida, profissional abnegada, que me dava banho com todo o respeito do mundo, trocando a fralda que eu estava usando, para poder limpar o meu traseiro. A dignidade com a qual fui cuidado naquele momento não estava computada na conta do hospital.

Da mesma forma, hoje posso levantar sozinho novamente para ir ao banheiro e tomar banho, e depois ainda brincar com meus filhos. Alguém sabiamente já disse que o que tem valor de verdade não tem preço, e esse é exatamente o ponto: você sabe o quanto vale valorizar o hoje e dar aquele passo a mais de esforço, porque pode ser que não haja o amanhã?

Você sabe, sim, porque a sua verdadeira essência sabe disso primeiramente, e ela está dentro de você, vem do coração e ecoa na alma. O problema é que os ruídos do mundo ao redor acabam abafando o seu chamado. Por isso, monges e outros mestres espirituais costumam fazer retiros ou até viver isolados.

Escutar sem distorções de sentido é o que permite observar nossos sentimentos e identificar em que frequência passamos a fluir naturalmente. Em outras palavras, a sermos nós mesmos.

As pessoas que me conhecem há mais tempo, cerca de vinte, trinta anos, costumam dizer que sou alguém que destoa da "egolatria" que reina no mundo midiático, uma espécie de "fogueira das vaidades" em que todos, com raras exceções, são consumidos pela sua própria. Ao comentar isso, lembro-me da parábola da filha do imperador: ela pediu para substituírem os jarros de barro onde os vinhos eram guardados por recipientes de ouro. Mas, quando foi tomá-los, descobriu que tinham azedado. Ironicamente, o que aos olhos do senso comum parecia feio e pobre era o suporte ideal para preservar os melhores vinhos.

E você, tem feito da sua vida uma caça insana ao tesouro? Ou busca desenvolver os seus próprios dons, ainda que o mundo lá fora teime em dizer que eles não são suficientes para realizar algo "extraordinário"?

Coloquei esse "extraordinário" entre muitas aspas, porque a busca mais importante deriva do verbo "realizar", que veio antes: realização pessoal. Veja bem, não estou me referindo ao sucesso, que tem a ver com fama e todos os apelos que o mundo exterior e material nos oferece. Posso dizer que conheço relativamente bem o que é ser uma pessoa famosa, e nem de longe isso me faz sentir um cara verdadeiramente realizado.

Logo que passei a fazer parte do universo de famosos e celebridades, primeiro como modelo internacional e depois como ator, me dei conta de que passamos a maior parte do tempo atendendo a comandos exteriores, como víamos nas propagandas de antigamente: "Faça!", "Compre!", "Tenha!". Esse ruído ensurdecedor que vem do mundo à nossa volta não nos permite escutar a voz interior.

Não é que ela não exista, pois o rabino Shalom Arush, autor de *O jardim da emuná*, utiliza uma expressão da qual gosto muito, que é "desinflar egos inflados", porque ela traduz com precisão o movimento que precisamos fazer na vida se pretendemos crescer em humanidade e sabedoria: murchar o orgulho, a arrogância e a vaidade.

Curiosamente, hoje em dia as pessoas estão inflando tudo, a começar pelas maçãs do rosto e os lábios nas tais harmonizações faciais, que deixam todos os rostos parecendo versões de um mesmo protótipo. Estou sendo irônico, mas essa corrida pela estética ideal também é um indício inequívoco de que a vaidade está muito inflada. Contudo, a vida significativa começa quando passamos a dar menos atenção à tríade fama-fortuna-sucesso e a cultivar o *essencial*, concentrando-nos no que realmente viemos fazer neste mundo, ou seja, em nossa missão. Esse é o caminho da realização pessoal.

Quando penso nisso, sempre me lembro das grandes estrelas da TV que, entre muitas aspas, "abandonaram tudo" no auge da carreira e foram seguir caminhos diferentes, como a inesquecível atriz Lídia Brondi, cujo sucesso nas telenovelas foi muito repercutido pela minha geração. E também me recordo da querida atriz e modelo Ana Paula Arósio, que, depois de um hiato enorme longe das câmeras, tem reaparecido esplendorosa em campanhas publicitárias.

Acho incômodo quando me deparo com aquelas reportagens em tom de sessão de obituário com a chamada "Por onde anda?", muito comum em programas e colunas de fofocas sobre artistas e personalidades conhecidas que estão longe dos meios de comunicação. Na verdade, são Pessoas com "P" maiúsculo que apenas deixaram de atuar na mídia convencional, na frente das câmeras e dos holofotes. Encontraram um outro caminho de realização, e não há nada de errado nisso, muito pelo contrário.

Voltamos a ressaltar aqui a importância de escutar sem distorções a voz interior, aquela que vem do coração e ecoa na alma.

Essas "distorções" a que me refiro, em grande parte, vêm do excesso de estímulos do mundo exterior, que, com o advento da internet e de redes e aplicativos de conteúdos de entretenimento, ganharam um senhor upgrade. Às vezes, pergunto para os amigos se eles conseguem passar pelo menos um fim de semana sem estar com a cara enfiada na p*** do celular. Já existe até um termo específico e engraçadíssimo para descrever o conteúdo de entretenimento de qualidade baixa ou viciante, bem como seus efeitos no cérebro humano. Trata-se do *brainrot*, que pode ser traduzido como "deterioração cerebral".

Sei bem que, atualmente, com a necessidade de comunicação instantânea, isso é cada vez mais difícil. Mas, depois de uma semana megaestressante, costumo me dar o direito de curtir dois dias de descanso com a família sem ficar tão imerso no smartphone. E tem dado certo.

Meu amigo e minha amiga, agora responda sem piscar: como podemos buscar melhor qualidade de vida na alimentação, na saúde do corpo, na interação com a família e com as outras pessoas se cada vez mais estamos "tiktokando" e nos entupindo com a baixíssima qualidade dos conteúdos disponibilizados no universo digital?

Sempre fui apaixonado por livros, e já faz um bom tempo que participo de uma iniciativa para disseminar a produção literária e formar leitores em todo o Brasil. Todas as terças, nas minhas redes sociais, também mantenho postagens periódicas voltadas exclusivamente para dicas de leituras; às sextas, indico grandes clássicos do cinema.

....

....

....

....

....

....

....

CAPÍTULO 5

FINCAR RAÍZES E CRIAR ASAS – O QUE REALMENTE IMPORTA

"Nenhuma outra criação na Terra é capaz de transformar o material em espiritual."
– **O jardim da emuná**

Sei que nem todos têm esse privilégio, mas posso dizer que tenho uma família linda, esposa e filhos que me enchem de carinho e orgulho, além de trabalhar com profissionais que dão o seu melhor nos projetos que levo adiante. Não existe nada no mundo que pague o fato de podermos contar com o afeto e a dedicação das pessoas e caminhar com elas em uma mesma sintonia.

Eu me pegava pensando exatamente sobre isso nos momentos mais sombrios que enfrentei durante a internação hospitalar. A morte me rondava dia sim, dia também, e eu pensava em como seria a minha vida sem mim, a vida que construí ao lado deles, quantos planos eu ainda pretendia realizar com meus pequenos. Minha filha Sasha já estava casada e encaminhada na carreira, mas não se mede afeto como se fosse um cronograma de desembolso. Quanto mais metas e sonhos cumprimos juntos, mais o amor cresce, finca raízes.

E quantos abraços ainda podem ser compartilhados a cada sonho realizado?

Eu pensava na falta que eles faziam para mim e que eu faria para eles, por isso decidi lutar com todas as forças. Por eles e por mim. A grandeza do amor de pai e mãe é tanta que é capaz de ressignificar a própria dor. Esse é um poder extraordinário que o maior amor do mundo tem, a ponto de desafiar as leis naturais. Uma parte boa de nós vive em nossos filhos, e, sem dúvida, podemos recorrer a ela como uma tábua de salvação. Mas não se trata de um privilégio dos pais em detrimento dos filhos, pois o amor incondicional é uma via de mão dupla. Então, filhos que amam seus pais também experimentam esse milagre da superação.

Eu também amei muito meu pai, mesmo antes de termos uma relação de amor. Lembro-me de como era difícil me aproximar dele na juventude. Seu jeito austero sempre impôs uma distância que eu não sabia como atravessar. Ele era um homem de convicções firmes e regras rígidas, e eu, na minha inexperiência, buscava sua aprovação em cada passo que dava. Mas o amor que eu sentia por ele era profundo, embora não conseguisse expressá-lo da maneira como gostaria.

Foi apenas no final da vida dele, quando a doença mental começou a consumir suas memórias e sua essência, que percebi uma mudança. O homem que antes parecia tão distante agora revelava um lado doce e terno que eu nunca tinha visto. A cada visita, a cada conversa confusa, eu sentia algo florescendo entre nós.

Um dia, enquanto segurava sua mão, ele me disse de forma inesperada: "Eu te amo". Aquela frase me pegou de surpresa, como se um véu tivesse sido levantado. Finalmente, o amor que sempre esteve ali, escondido sob a rigidez, se manifestava em palavras sinceras.

Minha relação com minha mãe sempre foi diferente. Desde pequeno, havia um fluxo natural de amor e carinho entre nós. Quando contraí covid-19, ela acompanhou tudo como uma rocha, firme na sua fé inabalável. Foram dias de angústia, entre a vida e a morte, nos quais a fragilidade da existência se tornou palpável. Costumo pensar que, mesmo sem poder me visitar, ela me emprestou sua coragem de leoa, e o alívio que sentimos quando voltei para casa foi um momento de pura luz. Na fase de pesquisa para este livro, ela confidenciou que não houve um "momento mais difícil", pois foram dificílimos todos os dias em que estive internado.

Durante todo o meu tratamento, incluindo a fase mais crítica, eu tinha plena consciência de que ela preferia não se ater à dor. Havia perdido uma filha em 2016, minha irmã tão amada que a doença ELA levou. E, menos de um ano depois, foi a vez de meu pai nos deixar. O peso dessas perdas a faz evitar as lembranças de todo sofrimento. A jornada de amor e perda me ensinou a valorizar cada lembrança ao lado da minha família.

Por isso, em tempos tão difíceis em que os tribunais da internet massacram pessoas a torto e a direito, eu englobo todo tipo de família: matrimonial, informal, monoparental, anaparental, não importa. Desde que seja real, como é a minha. Por ela, finquei raízes para construir uma base firme. Dela brotam asas que projetam um futuro além de mim, na jornada própria de cada um dos meus filhos.

O amor incondicional pela minha família me trouxe até aqui, e a vida continua. Por isso, nunca desejei voltar a ser quem eu era antes da doença. Aprendi com a dor onde reside a minha força motriz. Isso me ensinou a ser grato e transformou minha perspectiva. Em vez de me concentrar no que perdi, escolhi apreciar o horizonte que estamos construindo juntos. Essa mudança de foco foi um dos maiores presentes que recebi.

“Pelo poder do amor mais sublime, podemos renascer.”

Por meio dos laços de afeto que construímos, a vida se torna mais bonita. Pelo poder do amor mais sublime, podemos renascer. Eu renascia das minhas cinzas espalhadas sobre a cama de um hospital sempre que pensava no meu tesouro, que é a minha família, e quando lembrava de nós nas situações mais triviais em que invariavelmente sou aquele cara "*clown*" mesmo, palhaço, sem limites para "pagar o maior mico". A vida toda a Sassá me avisou: "Ô, pai, olha o mico!".

São essas memórias que alimentam o nosso afeto. Lembro-me de uma vez que saímos para jantar juntos e fiquei intrigado com a tatuagem no braço de uma garota, que parecia um número. Não sosseguei enquanto não fui até a mesa onde ela estava: "Desculpe, minha senhora... É senhorita, perdão (risos), o marido da minha irmã gostaria de saber o que é esse número tatuado no seu braço". O olhar de espanto da minha filha chegou a um nível... (risos). São lembranças que obrigatoriamente nos fazem sorrir por fora e por dentro, e por isso são curativas. A propósito, descobri que a tal tatuagem era uma espécie de anagrama, que, por sua vez, complementava uma tatuagem da mãe da tal jovem, ou algo assim.

Muitas pessoas sabem que também tenho três tatuagens na altura do ombro esquerdo, feitas em homenagem aos meus filhos: a Sassá – como costumo chamar carinhosamente a Sasha –, o David e o Mikael. De cima para baixo, na ordem em que meus maiores tesouros vieram ao mundo: um pássaro sagrado japonês chamado tsuru, em formato de origami, que a Sassá também tem tatuado no antebraço; uma Estrela de Davi, símbolo judaico que remete a um escudo protetor; e a última é o nome do meu terceiro filho, Mikael, escrito em hebraico.

Quando a Sasha ainda era pequena, eu chegava em casa e me escondia, mas deixava os origamis de pássaro como pista perto da porta do quarto dela. Então, minha filha me procurava freneticamente sabendo que eu já havia chegado. Devo ter feito centenas de origamis graças a essa brincadeira, até que um dia ela tatuou no antebraço, e eu, no ombro.

Além disso, fiz nesse mesmo ombro, na parte interna, uma tatuagem para a Luhanna, amor da minha vida, que também tatuou a mesma imagem: o símbolo yin-yang, que são duas energias vitais complementares, segundo a filosofia chinesa. Pedimos para desenharem a imagem no ombro dela em posição invertida em relação à que tenho no meu, como diante de um espelho; então, quando nos abraçamos, a parte mais escura encosta na mais clara, gerando a completude.

Quem me conhece sabe que posso me autodenominar "um homem de família". Esse é o papel da minha vida, aquele que represento quando estou fora dos palcos e holofotes. Esse cara sou eu, como diz a canção do imortal Roberto.

Quando estava gravemente doente, me dei conta do quanto constituir uma família e fincar raízes é um ato de coragem e de vulnerabilidade ao mesmo tempo. Sabe aquela canção do Legião Urbana que nos conta sobre alguém que trocou a segurança do seu mundo por amor? Bem isso.

> **"Constituir uma família e fincar raízes é um ato de coragem e de vulnerabilidade ao mesmo tempo."**

Formar uma família é uma oportunidade de conexão genuína, um ato de amor por algo que se estende além da nossa individualidade, mas vai se enraizando em nós por meio da concretude da própria vida. A família reunida à mesa, as histórias contadas ao redor da lareira, as risadas que ecoam nas paredes da casa... São vivências que nos moldam e passam a ser constitutivas da nossa essência.

Uma das perguntas que ressoavam profundamente na minha cabeça nos momentos mais difíceis era: “O que é mais precioso que a minha vida?”. A resposta vinha imediatamente: “A vida dos meus filhos”.

Essa certeza captura a essência do que significa ser pai ou mãe. Nossos filhos são a extensão de nós mesmos, representando não apenas o que já vivemos, mas também nossas esperanças e nossos sonhos para o futuro. Como homem de família, eu me descobri guardião de uma centelha divina, um legado que precisava ser cuidado e cultivado.

Não foi apenas uma única vez que conversei com meu amigo Otavio sobre o encaminhamento dos meus filhos menores em caso de eu não sair vivo do hospital. Essa possibilidade era tão real que eu me desafiava a ser maior do que a morte. Estar aqui sem estar, e contava com meu amigo irmão nessa missão.

O amor nos força a olharmos além de nós mesmos, a priorizarmos as necessidades de outra pessoa acima das nossas e a sacrificarmos o que for necessário para garantir o bem-estar de nossos filhos. Como diz o ditado popular, o amor é a maior força do mundo.

No judaísmo, há uma crença profunda na ideia de que cada pessoa carrega dentro de si uma centelha de Deus, um Neshamah. Essa centelha representa a alma, a essência da vida e a conexão com o divino. Ao terem filhos, os pais não apenas recebem essa centelha, mas também têm o privilégio de vê-la crescer, desenvolver-se e brilhar. É uma alegria indescritível, mas também uma responsabilidade imensa, que eu senti em toda a sua intensidade quando me vi na iminência de faltar.

Ao me tornar pai e marido, experimentei uma transformação que foi muito além do status civil. E no momento de maior vulnerabilidade da minha vida, percebi com total clareza que minha vida não tinha mais a ver só comigo, mas sim com legar valores, ensinamentos e amor. Não se trata só de prover, e sim de querer, acima de tudo, que seus filhos cresçam com confiança, empatia e capacidade de enfrentar os desafios da vida.

> **Não se trata só de prover, e sim de querer, acima de tudo, que seus filhos cresçam com confiança, empatia e capacidade de enfrentar os desafios da vida.**

Naqueles dias de internação, o tempo havia se tornado um adversário implacável, e eu me via refletindo sobre como gostaria de ter passado mais tempo com meus filhos, o quanto queria ter participado mais ativamente de suas vidas. A canção "Epitáfio", dos Titãs, traduz bem todo esse sentimento de urgência de uma vida mais significativa.

Foi uma avalanche de emoções em que o medo se misturava à culpa. De não ter sido bom o suficiente, de ter falhado em minhas obrigações, de não saber o que fazer em momentos de crise. Como homem da minha geração, fui ensinado a ser forte, a não demonstrar fraquezas, a esconder minhas emoções. Embora tenha me tornado ator e quebrado muitas amarras, algumas barreiras são atávicas.

Ao mesmo tempo, sempre desejei ser um pai presente, que escuta, acolhe, embora muitas vezes se perca nas próprias inseguranças. O medo de não ser compreendido ou de ser visto como vulnerável pode impedir um homem de expressar o que sente. A pressão para ser o "forte" pode levar ao silêncio, e esse silêncio pode se transformar em distância emocional.

Cercado por máquinas que bipavam incessantemente no quarto do hospital, eu pensava em tudo isso. Mesmo durante o coma induzido com entubação, repassava sem parar minhas memórias afetivas. Sabe aquela letra genial, outra do Legião Urbana, intitulada "Vinte e Nove"?

Pois contei mentalmente as vezes em que experimentei a sensação de morrer por afogamento, quando, na verdade, estava sendo sedado por médicos e enfermeiros para a introdução do tubo na minha traqueia. A loucura toda é que revivi 29 vezes a mesma sensação: durava menos de um minuto antes da entubação propriamente dita, e eu associava aquele apagamento a "tomar um caldo no mar", expressão que os surfistas usam para descrever a queda da prancha ao se depararem com uma onda muito forte. Muito tempo depois, pesquisei que esse é um fenômeno bastante comum chamado por especialistas de delírio de terapia intensiva, ou delírio de UTI, que afeta boa parte dos pacientes internados nessa condição. Entre as alucinações mais frequentes está justamente a sensação de afogamento, além de sequestro e tortura.

Outro episódio aparentemente inexplicável, mas para o qual já existem hipóteses científicas, foi a minha força descomunal, ainda entubado e com o físico extremamente debilitado, a ponto de arrebentar a cama de ferro à qual meu corpo estava atado e ter sido necessária a ajuda de dois enfermeiros para me segurar. Os estudiosos que pesquisam a fundo ocorrências de superforça em pessoas expostas a situações de risco, como a mãe que conseguiu levantar um caminhão para socorrer o filho atropelado, a atribuem a uma descarga de adrenalina motivada por uma situação de vida ou morte. Isso faz aumentar a nossa respiração e a frequência cardíaca a um nível em que os nossos músculos são inundados com sangue oxigenado, permitindo utilizar de forma muito mais intensa a nossa capacidade de força.

No meu caso específico, o estímulo não era externo, mas dentro da minha mente, e, por associação, acredito que estava relacionado à raiva mortal que eu sentia por estar sendo torturado daquela maneira com uma morte cruel e sem chance de defesa. Eu pensava: "Já que o inferno existe e estou morto, quero encontrar o Diabo e encher ele de porrada!". A certeza de não ter mais nada a perder me impulsionava sem limites: "Vou arrancar o chifre desse desgraçado e enfiar no c* dele", eu vociferava (dentro da minha mente). É sinistro imaginar que todo paciente de UTI seja levado a travar uma guerra fora e dentro da sua mente ao mesmo tempo. Mas, ao que tudo indica, essa batalha dupla de fato acontece.

Felizmente, o *loop* temporal no qual me vi preso também me proporcionou um momento de alívio muito impactante, que invariavelmente ocorria quando eu estava prestes a engolir água e me afogar. Naqueles segundos finais de vida que me restavam, eu sempre era arrebatado por uma memória afetiva e transportado para aquele respectivo momento, como curiosamente acontece com os personagens do Fábio Porchat e da Sandy naquela comédia romântica genial chamada *Evidências*. Ainda bem que meu cérebro escolhia a dedo os tais "*the best moments in life*" para eu reviver. Lembro-me, por exemplo, de ter voltado ao almoço em família que tive com meu pai e minha mãe quando ainda era bem jovem e tinha acabado de retornar dos Estados Unidos, onde iniciei minha carreira de modelo internacional. Foi um encontro memorável ao som da canção "Unforgettable", do Nat King Cole. Também revisitei uma apresentação de balé da Sassá ainda pequena: a bailarina mirim mais linda do mundo sendo paparicada pelo pai babão. Meu coração ainda saiu para passear de bicicleta, dessa vez acompanhado pelo meu filhote David. Momentos que valem uma vida...

Olhando em retrospecto, posso cravar que minha família esteve comigo em todos os momentos, mesmo quando não podíamos conviver, ou porque estava preso em algum lugar da minha mente, ou isolado por causa da famigerada pandemia. A nossa conexão foi o que me manteve vivo e me salvou de todas as formas que um ser humano possa ser salvo.

Na longa fase de recuperação que se seguiu, de novo a lembrança dos meus amores maiores e da vida em família fazia qualquer medicamento mais potente parecer placebo. A cada memória afetiva, uma chama de mim faiscava, e eu parecia renascer. A imagem do semblante dos meus filhos, a bagunça na cozinha quando nos metíamos a cozinhar todos juntos, o calor do abraço da Luhanna, minha esposa – todos esses pequenos GRANDES momentos eram a razão pela qual eu lutava para me levantar daquela cama. Era ali, diante da fragilidade da vida, que eu encontrava a força para renascer das minhas cinzas.

Durante a minha internação por causa da covid-19 e, depois, com o agravamento do meu quadro, me vi em meio a uma batalha pela sobrevivência que parecia quase impossível. Os médicos me davam apenas 15% de chances de sobreviver, e a situação se agravou ainda mais à medida que comecei a passar por cirurgias. Cada intervenção era uma nova luta.

Durante todo esse processo, a Luha se tornou um pilar, e preciso eternizar meu agradecimento neste livro. Ela ficou ao meu lado em TODOS os momentos, sempre com palavras de encorajamento e carinho. Lembro-me de uma entrevista dela sobre esse período da nossa vida, e até hoje me emociono com suas palavras: "Amor da minha vida. Meu Superman. Não foi uma nem duas vezes que você renasceu. Foram muitas. Forte como um leão, guerreiro, grato, resiliente, grande em todos os sentidos e sentimentos".

Pois, agora, sou eu quem digo a você, Luha, amor da minha vida: "Cada dia ao seu lado é uma bênção. Você, mãe dos meus filhos, é quem me ensina tudo, transbordando de amor, alegria e cumplicidade. Estar ao seu lado é um mantra permanente de gratidão e esperança.

Eu reitero aqui meu compromisso de enfrentarmos qualquer adversidade juntos. Como você disse, que Deus siga abençoando nossa família com saúde, amor e felicidade.

Eu te amo para sempre também!"

Lembro-me da Luha infalível todas as tardes no quarto do hospital – pela manhã, ela cuidava dos nossos filhos, e quem ficava comigo era a Claudinha, amiga de todas as horas. Quando foi permitido, a Luha segurava minha mão delicadamente. O simples toque era tão revigorante, e eu podia sentir a energia que emanava. "Você vai ficar bem", ela sempre dizia, sua voz potente de cantora não passando de um sussurro. Naqueles momentos de incerteza absoluta, veio dela a dose de força extra necessária para me manter vivo. Sua presença foi o bote salva-vidas para eu não me perder nas profundezas da dor.

Assim também eu sentia em relação aos meus filhos, quando podiam me visitar, o que era bastante raro em razão do período de alta da pandemia. No dia em que eles finalmente puderam chegar mais perto, senti uma onda de esperança que me envolvia. Os meninos, com suas vozes alegres e risadas contagiantes, transformavam aquele ambiente estéril em um lar. Eu renascia quando a palavra "pai" ecoava no quarto do hospital.

Logo que soube do meu estado de saúde agravado, minha filha Sasha, então recém-casada, interrompeu imediatamente a lua de mel em Nova York e voltou para o Brasil. Ela recebeu a notícia da minha internação pela própria mãe e foi tomada por um misto de sentimentos.

O primeiro deles foi raiva mesmo (e isso não é mais uma pegadinha do meu lado zombador implacável). Desde muito nova, Sasha sempre me viu como o próprio Superman. Quando ainda era pequena, eu costumava brincar de ser o Clark Kent, imitando aquele topete em redemoinho e usando camisetas com o "S" gigante, que me faziam parecer forte e quase indestrutível aos olhos de Emília da minha princesa favorita.

Para mim, era uma forma de protegê-la e, como na ilusão de todo pai, não deixar transparecer minhas fraquezas. Então, quando a covid-19 me nocauteou, não foi diferente: por amor e necessidade de proteger (sempre, sempre, sempre) minha eterna e adorada princesa, tornei-a uma das últimas a saber – pelo menos foi assim que ela se sentiu...

Sasha estava no final de sua lua de mel, animada e cheia de expectativas, quando um telefonema cuidadoso e preocupado de Xuxa mudou tudo. O choque foi avassalador; da noite para o dia, a minha imagem de pai saudável, que estava vivendo a vida a todo vapor, deu lugar à do paciente de meia-idade que mal conseguia respirar, internado em estado crítico no meio da pandemia mais violenta da história. Essa transformação radical deixou minha filha muito impactada, e a distância só fez piorar a situação.

O mundo se deparava com um inimigo até então desconhecido, e a incerteza ao redor era mais palpável que as notícias que chegavam a meu respeito. Sasha se sentiu perdida, angustiada, e a raiva por eu ter escondido minha condição encobria o medo extremo. A sensação maior era de total impotência, alimentada pela pergunta sem resposta que não saía de sua mente: "O que eu posso fazer?".

Aflita e determinada a estar ao meu lado, minha filha Sasha adiantou o voo de volta ao Brasil, organizando pertences e guardando com pressa objetos que evocavam memórias felizes de momentos vividos no apartamento em Nova York. O pânico que a tomou de assalto naquelas horas nas quais a vida parecia ter sido transportada para um limbo deixou um borrão na sua mente, tornando difícil para ela lembrar exatamente a cronologia dos fatos. Ao mesmo tempo, a força que a Sassá demonstrou foi uma das faíscas de luz que ajudaram a manter a chama da minha esperança acesa em meio ao breu absoluto.

Xuxa não podia estar presente por razões óbvias; o isolamento de todos e de um paciente hospitalar crítico como eu era mais que obrigatório. Mas ela fazia questão de me acompanhar diariamente por meio de notícias dadas pela Luha, minha esposa, e pela minha irmã Priscila. No início, a falta de conhecimento e informação era muito grande, e todos acreditavam que a pandemia de covid-19 seria algo passageiro e rápido. Naquele período, Xuxa também estava apreensiva com a situação da sua segunda mãe, Maria, que tinha sérios problemas respiratórios, fazendo aumentar o receio de que a covid-19 pudesse ser fatal.

Durante a fase de entrevistas para o livro, Xuxa comparou aqueles dias sombrios a uma verdadeira guerra entre a vida e a morte que se passava fora e dentro de cada um de nós. Sua primeira reação, como a de muitas pessoas, foi negar tudo o que estava ocorrendo, mas logo se deu conta da extrema gravidade da situação. Saber que eu me encontrava definhando dia após dia em cima de uma cama de hospital, sem nada que pudesse fazer, a não ser esperar por notícias melhores levava-a a sentir-se impotente e assustada. Por ser mãe, Xuxa não conseguia parar de pensar na Sasha e nos seus dois irmãos ainda pequenos, meus filhos, cientes de que o pai estava lutando pela vida em um combate tão desigual.

Ela procurava pensar positivo, afinal eu já havia saído de tantas enrascadas, até mesmo um incêndio em nossa casa quando morávamos juntos, mas tudo pareceu ainda mais aterrorizante na fase crítica na qual eu mesmo desabei – não foi só uma vez que a certeza de que não sobreviveria veio me visitar, como já contei. Diante da possibilidade real de algo tão repentino e sem explicação tirar a vida de um homem forte e cheio de vida, o pai da sua única filha, Xuxa se recorda de que se deparou de uma forma muito dolorosa com a inexorável fragilidade da vida humana.

Mas foi justamente a poderosa rede de cuidados e afetos, que nos envolveu a todos, a responsável pela grande virada de chave. Tenho plena convicção disso. Xuxa atribui o milagre da recuperação à minha própria força interna e ao desejo de ver os meus filhos crescerem (e também quero ganhar um netinho da Sasha!), visão da qual compartilho. Por outro lado, realmente acredito que uma corrente de amor genuína é capaz de reverter qualquer situação, por mais terrível que se apresente.

Durante a pandemia, apesar de as opiniões estarem muito divididas, todos nós vimos milhares de pessoas se unindo de uma forma sem precedentes, preocupadas sobretudo com os mais vulneráveis. Xuxa destacou isso, e eu também partilho da visão de que a pandemia, ao mesmo tempo que deixou perdas muito dolorosas e irreparáveis, comprovou que precisamos uns dos outros, e podemos, sim, nos entreolharmos de maneira mais carinhosa.

A conexão com a fé foi fundamental para Xuxa e todos nós atravessarmos a tormenta. Olhando para trás com um suspiro demorado de alívio, ela me disse: "Eu não sabia o quanto gostava de você até quase te perder. Se cuida, pelo amor de Deus! E parabéns pela coragem de reviver, em um livro com uma mensagem tão inspiradora, tudo aquilo que todos nós queremos esquecer". A força que encontramos na vulnerabilidade e na união renovou nossos votos de afeto e admiração mútua, e seguimos mais conectados do que nunca.

Nos dias em que a dor era insuportável e me vi à beira do desespero, eu fechava os olhos e me permitia mergulhar nas memórias. Lembrava do dia do nascimento da Sasha, do David e do Mikael, meus três filhos, da ansiedade e da felicidade juntas e misturadas. O nascimento de cada um deles foi como um renascimento para mim. Eu queria ser um pai presente, um exemplo, alguém que eles pudessem admirar. Essa responsabilidade pesava em meu coração, mas também me impulsionava a lutar.

As manhãs eram particularmente difíceis. Acordar em um lugar desconhecido, cercado por tubos e monitores, não era fácil. A presença constante da Claudinha me consolava, como se me transportasse para um lugar mais bonito e seguro. Não importava quão fraco eu me sentisse, o afeto das pessoas queridas e dos profissionais ao meu redor me reerguia.

Precisava muito dessas interações, desses momentos de leveza, para me manter firme. Às vezes, eu desabava, não tinha jeito, mas, com o passar do tempo, percebi que o hospital não era apenas um lugar de dor e sofrimento. Era um espaço onde eu tinha a oportunidade de refletir sobre o que realmente importa na vida.

As mensagens de amor que recebia da família e dos amigos me faziam perceber que minha verdadeira riqueza não estava nas posses materiais, mas nas relações que construí. Cada visita, cada gesto de carinho, era uma lembrança de que eu não estava sozinho nessa jornada.

Um dia, enquanto estava absorto em meu próprio sofrimento, chorando em razão das dores articulares cada vez mais intensas, recebi uma visita silenciosa, da qual não me dei conta. Lana era auxiliar de enfermagem e ajudou a cuidar de mim quando deixei o CTI do hospital Copa Star e fui transferido para o Copa D'Or – ambos são da mesma rede e ficam em prédios contíguos. Ela havia entrado no quarto para coletar a minha urina. Mais tarde, contou que, ao me ver naquele estado lastimável, ficou profundamente consternada e foi ao banheiro para rezar por mim e fazer uma promessa a Nossa Senhora Aparecida.

Eu não fazia a menor ideia de que, em um dos incontáveis espaços destinados à higiene e aos cuidados pessoais dos funcionários do hospital, alguém estava ajoelhado, pedindo para Nossa Senhora me ajudar. E também desconhecia o fato de que, além de cuidar de mim, aquela jovem de coração gigante enfrentava uma batalha pessoal.

Diagnosticada desde 2010 com anemia falciforme, doença genética hereditária que faz os glóbulos vermelhos do sangue ficarem deformados, a vida dessa guerreira nunca foi fácil. Por ter sofrido falência dos ovários, não pôde realizar o sonho de ser mãe. Mesmo assim, ela olhou para mim, um homem doente que chorava, e fez uma promessa: "Meu Deus, Nossa Senhora, ajuda ele!".

A compaixão era tanta que, naquele momento, chegou a desejar transferir aquela dor para si. Católica fervorosa, também me entregou um terço de pérolas que havia comprado na igreja especialmente para mim. "Não é de ouro, mas é o que o meu dinheiro pode dar." Aquele pequeno gesto de compaixão e fé me tocou profundamente. Em menos de três dias, comecei a melhorar.

Mais tarde, soube que ela participou de uma procissão para agradecer pela minha recuperação. Muito tempo depois, foi até a Basílica de Aparecida do Norte e cumpriu a promessa feita no banheiro do hospital. Costumo dizer que não ganhei um presente das mãos dessa mulher extraordinária, mas um lembrete poderoso do milagre que a fé e a conexão humana podem operar.

Todos os gestos de afeto que recebi ressoaram em meu coração. Percebi que eles eram as "medicinas" das quais eu também necessitava. A cada dia que passava, eu me sentia mais forte. O processo de cura era não apenas físico, mas também emocional e espiritual. Eu estava renascendo das lições que a dor me proporcionava.

Em um momento de introspecção, enquanto observava as paredes brancas ao meu redor, me dei conta de que a luta não era apenas minha, era de todos nós. Sou protagonista da minha história, mas minha família e todas as pessoas afetuosas e solidárias que cruzaram o meu caminho são a força motriz por trás de cada batalha vencida. A certeza de que o amor conseguiu vencer é a luz que me guia, mesmo nas noites mais escuras.

Houve altos e baixos durante toda a recuperação, claro. Fisioterapia direto, dentro de hospital e depois que saí. Dias em que me senti derrotado e nos quais a dor parecia insuportável. Bastava forçar um movimento a mais para perceber que o pesadelo ainda não havia terminado. Mas, com o tempo, os dias se tornaram menos pesados, e eu, cada vez mais disposto. Os pequenos GRANDES momentos se tornaram importantes. Cada avanço era um lembrete de uma capacidade que eu estava lutando para recuperar. A memória dos meus dias mais difíceis se tornou uma espécie de força vital, e a gratidão preenchia meu coração.

A minha vulnerabilidade durante todo aquele período foi uma força que me conectou de forma muito mais genuína a outros seres humanos. Lembro-me de que, ainda no hospital, fazia questão de mostrar interesse pela vida das pessoas que me cercavam de cuidados. A cada um que entrava para me dar bom-dia ou boa-noite, eu perguntava:

"Qual é o seu sonho?
O que você deseja mais do que tudo na vida?"

Juro por Deus que ouvi todo tipo de resposta, de viajar pelo mundo a ajudar aqueles que necessitam, passando por mais tranquilidade, união familiar, amor e respeito, mas ninguém mencionou ganhar na loteria ou no Big Brother (risos). Claro que todos nós temos sonhos de consumo e almejamos a prosperidade, mas, na minha percepção, lá no íntimo, qualquer ser humano consegue discernir o fundamental do essencial, como explicou brilhantemente o professor e filósofo Mario Sergio Cortella.

Sim, o dinheiro é fundamental, pois sem ele a nossa existência se torna muito precária. Mas se eu tiver um Fusca ou uma Mercedes-Benz, ambos irão me levar para onde quero ir. Um Patek Philippe, da fabricante suíça de relógios de luxo, ou um Casio básico vão me mostrar a hora do mesmo jeito.

O multimilionário Steve Jobs, cofundador da megaempresa que revolucionou a telefonia celular no mundo, usava sempre as mesmas roupas e estava... sempre vestido. Claro que isso tem a ver com a excentricidade desse grande gênio, mas o fato é que comprar roupas e acessórios de grife ou bens luxuosos é uma experiência muito menos enriquecedora do que cultivar relacionamentos profundos e significativos com entes queridos e amigos. O essencial é aquilo que realmente importa.

> **“O essencial é aquilo que realmente importa.”**

É óbvio que já tive sonhos materiais, até pelo fato de conviver em um grupo social que me deu acesso a tudo. Viagem a bordo do Concorde, lendário avião anglo-francês supersônico que fazia o trajeto Londres-Nova York em menos de quatro horas; recepção em casa de presidente da República; um pulinho em Paris para jantar com uma garota que eu acabara de conhecer. Festas glamourosas em que as conversas frequentemente giravam em torno de ansiedades e frustrações. Cheguei a conhecer bilionários que davam antidepressivo até para o cachorro. Famílias despedaçadas por brigas e intrigas de todo tipo sentadas em cima de uma montanha de dólares.

De minha parte, nunca tive uma ambição gigantesca a ponto de desejar um carro desenhado pelo Ferruccio Lamborghini ou uma puta mansão de trinta mil metros quadrados toda tecnológica. E, após tudo o que passei, a materialidade se tornou menos importante ainda. Trabalho arduamente para deixar os meus filhos bem em termos financeiros, mas posso viver tranquilo o resto dos meus dias em uma casinha bucólica do interior com a mulher da minha vida. Quero respirar, viver, andar e correr com as minhas próprias pernas. Foi o que aprendi após dias entubado e meses preso em um quarto de hospital.

Todos vamos passar pelo que temos de passar, é um princípio judaico, e, SIM, a vida pode ser dura e cruel, por isso precisamos aprender a construir âncoras poderosas que nos mantenham firmes.

Uma dessas âncoras é, sem dúvida, o conhecimento. Como empresário, busco monetização e lucro em diversos projetos, mas tenho absoluta convicção de que só podemos salvar o mundo pelo conhecimento. E a educação é o principal instrumento para isso. Por essa razão, criei e dirijo um instituto para fomentar a leitura, com ações em todas as regiões do país.

Não quero que meus filhos se lembrem de mim como um homem de sucesso, mas como alguém que deixou para eles o legado do conhecimento. Que eles possam ir além de mim em uma jornada própria de construção do saber. O conhecimento salva o mundo porque derruba todas as barreiras: de classe, credo, raça, gênero, idade etc. E, assim, abre espaço para que a empatia e o amor possam florescer.

> **O conhecimento salva o mundo porque derruba todas as barreiras: de classe, credo, raça, gênero, idade etc.**

Vou aprofundar a concepção de sucesso relacionada ao conhecimento e a fazer o bem ao próximo no capítulo que dedico à importância de identificarmos na nossa vida uma causa maior e lutarmos por ela. Por agora, finalizo enfatizando a importância de fincar raízes e criar asas para o nosso desenvolvimento como seres humanos. Certamente, ao escolher a frase que dá título a este capítulo, pensei na minha relação com as pessoas que eu mais amo, mas tenho plena convicção de que, antes de tudo, estou dizendo algo sobre mim, o Luciano que emergiu após tantos tsunâmis externos e internos. Eles me ensinaram que, mesmo nas dificuldades, podemos encontrar significado e esperança. Agora, sei que minha experiência não foi apenas uma batalha pessoal, mas uma oportunidade de iluminar o caminho de muitos "alguéns".

É por essas conexões fantásticas que vale a pena viver.

CAPÍTULO 6

SEJA UM PEDINTE – ORAÇÃO E AGRADECIMENTO DIÁRIOS

"Fale com Deus como você falaria
com seu melhor amigo."

– Rabino Shalom Arush

Fico impressionado como nós, seres humanos, somos dotados de talentos e dons que nos tornam únicos. No entanto, preferimos focar as falhas e seguir lamentando.

Tem dias em que acordo "quebrado", pois tomo alguns remédios para conseguir relaxar e dormir, mas algumas vezes isso não dá certo. Sempre levanto cedo, então, mesmo quando não tive uma noite boa de sono e só consegui dormir em torno de vinte minutos, o que eu faço com o resto do meu tempo acordado? Reproduzo o mal-estar a cada nova hora do dia e termino dizendo que tudo deu errado? Negativo!

Não espere um dia inteiro para retomar o seu bem-estar, cada hora conta muito. O jogo só termina nos 45 do segundo tempo, e podemos reverter para melhor uma partida que não iniciou bem. Não digo que todos os dias irão terminar 100%, mas vale a regra do exercício físico: você sempre termina melhor do que começou. Com a mente é a mesma toada. Temos de exercitar o olhar positivo, assim como a gratidão. Noventa por cento transpiração e dez por cento inspiração, lembra?

A fé é um desses dons que temos de exercitar, *no matter what*. Na correria do dia a dia, estamos cercados de tantos ruídos que não nos dedicamos a exercitar esse dom tão divino que todos nós temos.

Sempre tive uma forte conexão com a espiritualidade, mas, até passar pelo pior momento da minha vida, durante e após as internações por covid-19 e sequelas, eu não conversava com Deus diariamente. Estou me referindo ao ato de parar por algum tempo e rezar mesmo. Devidamente paramentado com os principais objetos de proteção judaicos: o manto de oração Talit e as fitas de couro Tefilin, que ficam amarradas nos braços e na cabeça e trazem junto um par de caixas com pergaminhos da Torá.

Pela tradição religiosa, quando um judeu atinge a maioridade, aos treze anos para os meninos e doze para as meninas, com as respectivas celebrações chamadas de Bar Mitzva e Bat Mitzva, torna-se um filho ou filha da Lei ou Mandamento e passa a poder manejar o manto de oração. Ainda muito jovem, sempre que eu me lembrava, fazia questão de colocar o Talit para rezar, o que era muito frequente. Depois, essa prática diminuiu um pouco, mas nunca deixei de usar o Talit, diferentemente de outras pessoas, inclusive de minha família.

Porém, com o meu renascimento após a covid-19, passei a ter uma rotina de oração muito mais intensa, cerca de uma hora todos os dias, computando a reza propriamente dita e outras reflexões. E não me esquivo de assumir que hoje sou o maior "pedinte" diante de Deus. Ele deve até reclamar: "Pô, esse cara não para de pedir!" (risos).

Mas também agradeço muito e dialogo com Deus, como se estivesse realmente conversando com um amigo. Com um pai, na realidade. Agradeço e peço desculpas repetidamente, em uma espécie de mantra. Faça chuva, faça sol, tenho esse encontro marcado todas as manhãs. Quando acordo muito cansado ou em cima da hora, levo as crianças à escola, faço algum exercício, tomo banho e rezo. Esse primeiro momento de oração dura de vinte a trinta minutos, e, ao longo do dia, dedico mais meia horinha para rezar as tribulações que vão ocorrendo, às vezes até motivadas por pessoas próximas. Paro o que estou fazendo para pedir a Deus. À noite, antes de apagar a luz e dormir, ainda fecho os olhos, fico tentando lembrar o que aconteceu de bom e de ruim no dia, e agradeço por tudo, *no matter what*.

Essa rotina de oração é algo que incorporei não como uma ideia de "trabalho", em oposição ao que seja descanso ou lazer, mas como um elemento estruturante do meu ser, parte do meu olhar sobre o mundo. Hoje posso afirmar, sem nenhum resquício de proselitismo, que compreendo a minha existência por meio de uma conduta orante, intimamente relacionada ao olhar de contemplação dos princípios judaicos.

Ter fé nos dá uma capacidade de persistência e, sobretudo, de resiliência muito maior, o que nos permite passar por provações e aguentar firme. Li uma reportagem sobre um experimento feito com ratos em que eles haviam sido colocados na piscina para nadar até o limite das suas forças. Quando estavam prestes a morrer, eram retirados da água e recebiam cuidados. Uma vez recuperados, eram submetidos à mesma experiência, e o resultado foi surpreendente: conseguiram permanecer na água por um tempo quatro vezes maior em relação à primeira vez. Segundo os pesquisadores, a memória e a certeza de que seriam retirados novamente diminuíam o estresse e aumentavam a sua capacidade motora.

Para mim, o que a ciência está comprovando por meio desse estudo é justamente o poder da fé. Quando me sinto acompanhado ou assistido, mesmo a distância, e tenho plena convicção de que serei salvo em algum momento, consigo seguir em frente de uma forma mais proativa. Já aqueles que não vislumbram a luz da salvação no fim do túnel tendem a desistir muito mais rápido.

A fé é o que mantém viva a esperança de que vamos ficar bem, e, mesmo que tudo saia do controle, a história não acaba aqui. Esse *input* por si só, ao ser enviado diretamente para o nosso cérebro, aplaca o medo de morrer. São efeitos neuroplásticos que a própria psicologia positiva reconhece como um poderoso mecanismo de enfrentamento em momentos de adversidade.

“Ter fé nos dá uma capacidade de persistência e, sobretudo, de resiliência muito maior, o que nos permite passar por provações e aguentar firme.”

Pode parecer mórbido demais o que vou confidenciar agora, mas a verdade é que eu aceitei a minha morte. Quando ainda estava no primeiro hospital no qual fui atendido para tratar a covid-19, o Samaritano, no Rio de Janeiro, logo que o meu estado se complicou – com a formação do coágulo que levou à trombose mesentérica e à necessidade de colocação da bolsa de colostomia –, me deparei com a possibilidade real de morrer.

Foi nesse contexto em que tudo parecia perdido e fora do meu controle que a perspectiva de obter um alívio para a dor e o sofrimento passou para o primeiro plano. Não que eu desejasse morrer, mas a ideia de simplesmente descansar despertou em mim uma clareza inesperada, acompanhada de um sentimento de autocompreensão. Não me lembro de ter sido tão gentil comigo mesmo em nenhum outro momento da minha vida. Era como se eu estivesse dizendo para mim mesmo: "Ok, está tudo bem. Eu aceito a morte como parte vital da minha história e não preciso ter todas as respostas".

Alguém pode atribuir esse discernimento repentino à tão decantada maturidade dos capricornianos, o "sábio do zodíaco". Nunca me debrucei mais a fundo sobre os preceitos da Astrologia, mas já ouvi dizer que todo capricorniano nasce velho e morre moleque (risos).

Fiz essa piadinha acima só porque estou ficando velho, ops, rejuvenescendo por dentro...

Voltando ao meu encontro marcado comigo mesmo, naquele momento em que aceitei a morte, instantaneamente deixei de ser prisioneiro do medo e da insegurança. Nisso consegui até barganhar com Deus e fiz um único pedido: mais quinze minutos de vida, para poder me despedir das pessoas vitais para mim, a quem eu mais amo, família e alguns companheiros de jornada.

Como todos sabemos, não morri, e não só sobrevivi como também passei a viver com um propósito renovado. Costumo fazer uma analogia interessante dizendo que a finitude antecipada me levou para uma viagem a um lugar de paz e gratidão do qual ainda não voltei. E espero não voltar jamais. Então, você me pergunta: "Que lugar é esse, Luciano?". É um lugar que me lembra o tempo todo da impermanência da vida, da beleza do agora, e me faz um convite irrecusável para viver plenamente. Mas não pense que é só curtição.

A jornada de aprendizados passou a ser constante e nunca tira férias. O principal deles você já sabe, pois é o tema central deste livro, que é o desenvolvimento de uma atitude de gratidão. Eu realmente aprendi a agradecer não apenas pelas coisas boas, como também pelas dificuldades que enfrentei: cada desafio, cada lágrima, cada momento de desespero.

Mas aqui neste capítulo quero ressaltar o impulso muito forte que desenvolvi de *conversar* efetivamente com Deus. No início, foi algo quase instintivo, mas, aos poucos, me conectei profundamente com essa necessidade que faz parte da essência humana.

Muitos comparam esse *conversar com Deus* a um ato de desopilar ou aliviar a si mesmo das tensões por meio do seu compartilhamento, o que também poderia ser feito com amigo ou profissional especializado. Mas, na verdade, a dimensão espiritual vai além. Quando falamos com Deus, entramos em um espaço delimitado que é único, como no caso do ator quando sobe no palco. Não é à toa que os grandes monstros da dramaturgia se referem ao teatro como um templo sagrado.

Estar na presença de Deus é redentor, porque, nesse momento, de fato voltamos a ser quem somos, e apenas isso. Você pode até mentir para um terapeuta, o que obviamente não faz sentido, mas ocorre, e mesmo diante do espelho. Já diante de Deus, existe uma aceitação prévia que nos liberta e uma certeza de que podemos entregar nas mãos d'Ele. É um acolhimento presumido que acalma e diminui o peso da carga. Deus acolhe a nossa alma.

> **“Estar na presença de Deus é redentor, porque, nesse momento, de fato voltamos a ser quem somos, e apenas isso.”**

Esse lance da aceitação é muito interessante, porque, se Deus nos aceita e nos damos conta disso, somos impelidos a também aceitar uma porrada de coisas que até então pareciam inaceitáveis. É tão transformador que chego a comparar a uma verdadeira conversão, e, como tal, não é um processo fácil. Ocorre por etapas e, geralmente, por livre e espontânea pressão. Quem caminha ou já caminhou à beira do abismo sabe do que estou falando.

Normalmente, uma pessoa não para, se não for parada, para ressignificar os julgamentos cristalizados que ela formou sobre a vida. Sou a prova viva disso. Vivia a mil, até que a covid-19 me derrubou. Eu me ressenti e fiquei puto até o ponto em que disse para mim mesmo: “Ok, eu tinha que passar por isso para aprender”. O estágio seguinte foi compreender qual era a lição. De que forma ela modificava a minha vida. Por isso, nas minhas conversas com Deus, sempre peço para Ele me explicar o que tenho que aprender. Assim mesmo...

Esse é um diálogo transformador que tem repercussões até nas situações mais triviais da minha vida, como quando estou sem paciência com algum familiar ou ente mais próximo e *consigo* não explodir de raiva a partir de um simples autoquestionamento: “O que estou fazendo de errado para essa pessoa conseguir me irritar tanto? Ou para esse negócio que eu tanto almejo não ter dado certo?".

Ao reconhecermos que estamos atraindo determinadas situações e não sabemos o porquê, nos colocamos na posição de aprendizes e, portanto, de alguém que busca maior sabedoria. E Deus responde. A vontade de aprender é um gesto de amor que *sempre* é correspondido.

Por fim, vem o clímax desse processo, que é agradecer por aquela situação fazer parte da minha vida e me ensinar uma lição tão valiosa. É como sugere aquela prática de quatro frases de origem havaiana chamada Ho'oponopono: consciência, reconhecimento, amor e gratidão.

Quando os pensamentos estão contaminados por memórias ou percepções dolorosas, o estado do corpo piora ou adoece mais rápido. Por isso, conseguir se distanciar e até rir de uma situação, por mais difícil e traumática que ela seja, faz todo o sentido. E quando conseguimos rir de algo, também somos capazes de agradecer por tê-lo vivenciado.

Independentemente da religiosidade de cada um, se uma pessoa agradece por uma tribulação que enfrenta na vida, ela adquire certa autonomia sobre o ocorrido. Algo do tipo: "Se eu tenho o que tirar de tudo isso, compete a mim e a ninguém mais aprender essa lição".

Muitos podem questionar: "Mas, Luciano, além de contrair uma doença, ainda somos culpados por isso?". A palavra *culpa* é muito enviesada, por isso vale a pena utilizarmos o termo *responsabilidade*. Não podemos nos eximir da responsabilidade de estarmos no mundo. Com tudo de bom e de ruim que ele nos oferece. Penso exatamente assim, então, quando estou diante de qualquer problema, *it's my business*, e não da "calçada do vizinho", entende?

“Quando os pensamentos estão contaminados por memórias ou percepções dolorosas, o estado do corpo piora ou adoece mais rápido.”

A princípio, pode parecer radical ou até fanatismo eu agradecer por ter desenvolvido tantas complicações durante e após a covid-19, afinal isso só agravou o meu quadro e atrasou a minha recuperação total. Mas e se não fossem esses sinais de alerta, eu não poderia ter desenvolvido uma complicação ainda maior e mais silenciosa e acabar vindo a óbito?

Com quantos finais trágicos como esse nós já nos deparamos?

O céu é o limite para o melhor e o pior na condição humana, isso é inarredável, mas a minha visão sobre o que me acontece eu posso controlar completamente.

Por ser ator, talvez seja mais tranquila para mim essa estratégia de me distanciar do problema até poder rir dele. Contam que a lendária atriz maior do teatro brasileiro Cacilda Becker era capaz de fazer as maiores *gags* quando se virava para a coxia durante uma cena extremamente dramática, e, ao voltar-se novamente para a plateia, engatar o choro com total maestria. Esse exemplo é interessante porque, de fato, agradecer quando algo ruim acontece não deixa de ser uma comédia, no sentido grego de retratar o *nonsense*. Brigar com a esposa ou com o marido, levar um tapa no rosto ou ser agredido de forma explícita, contrair uma doença e precisar ser hospitalizado, entre outros exemplos, e agradecer por isso é simplesmente ridículo, portanto traz implícita a comicidade de uma comédia da vida real.

Ver graça nas coisas ruins e agradecer por elas é um exercício que eu faço na vida, a ponto de pensar que posso estar fruindo um espetáculo de teatro, juro. Assistir ao melhor e ao pior de si é libertador e torna a existência mais leve, à medida que há um *olhar de distanciamento*, o qual nos permite rir de tudo, e também um *olhar de contemplação*, já citado antes, atribuindo um sentido maior àquilo que nos acontece. Esse sentido atribuído hoje por mim à vida é inversamente proporcional ao tempo de que disponho para vivê-la.

"Como assim, Luciano?" Já disse antes que, quando aceitei a morte, passei a me avaliar com mais gentileza e compaixão. Eu não morri, e estou aqui para compartilhar essa experiência, pelo amor dos corações que cabem no coração misericordioso de Deus. Mas, sem dúvida, uma parte da minha vitalidade foi irreversivelmente abalada em termos de condição física e "qualidade celular", devido à gravidade do quadro clínico que desenvolvi, como se eu tivesse queimado dez anos de combustível em dez meses.

Tenho plena consciência disso. Agora pasme: mesmo tendo ficado com um organismo mais fraco e, provavelmente, menos longevo em termos biológicos, ainda assim, os anos de vida que tenho pela frente são muito mais respeitados e amados por mim. A minha existência adquiriu uma leveza que não tinha antes, e isso tem relação direta com a valorização da vida. É uma guinada profundamente vinculada à espiritualidade e à responsabilidade que desenvolvi quanto a mim mesmo e ao próximo.

A fragilidade do meu corpo aumentou a importância e a beleza do tempo que eu tenho, porque aumentou a santidade dos momentos que ainda estão por vir, conforme uma concepção presente na Torá. Embora meu corpo possa ser mais frágil, a vida se tornou uma entidade sagrada, digna de respeito e amor, como ensina o judaísmo.

Um dos princípios centrais da fé professada pelos judeus é a santidade da vida, que deve ser respeitada e vivida com significado e propósito. Salvar uma vida, por exemplo, é uma obrigação suprema, acima de todas as outras, sacramentada pela expressão hebraica "Pikuach Nefesh". E aqui tomo a liberdade de fazer uma analogia aparentemente contraditória com esse princípio de preservação da vida humana. Na minha compreensão, a doença não só não tirou a minha vida, como também me deu a oportunidade de respeitá-la e amá-la da forma mais sagrada que existe.

Alguém pode dizer: "Mas, Luciano, quem cumpriu a lei Pikuach Nefesh foram os médicos e profissionais de saúde que cuidaram de você e ajudaram a salvar a sua vida". Concordo totalmente; do ponto de vista mais elementar, foi isso que ocorreu. Devo tudo aos especialistas em medicina, enfermagem, fisioterapia, psiquiatria, psicologia e reabilitação em geral que me ajudaram a ficar em pé de novo e com saúde. A eles, a minha total e irrestrita gratidão.

Acontece que o judaísmo também ensina sobre a responsabilidade de cada indivíduo em relação à própria vida. No meu caso, de que adiantaria todos estarem mobilizados para me salvar se, do outro lado da corda, por algum motivo qualquer, eu resolvesse soltar as mãos?

Quando aceitei viver ou *reviver* ou *renascer*, também aceitei a responsabilidade de viver plenamente e encontrar maneiras de contribuir e fazer a diferença. Para mim, antes de tudo, e também para os outros, com certeza. Vamos conversar sobre essa responsabilidade no capítulo referente a uma causa maior.

Essa minha aproximação ainda maior com o judaísmo diz respeito não apenas aos ritos praticados diariamente, mas também a uma visão de mundo que valoriza a esperança e a resiliência. Todos sabem que a história do povo judeu é marcada por desafios e adversidades ao longo dos séculos, mas sobretudo pela capacidade de se levantar e seguir em frente. Essa valorização da força do espírito humano está embutida em todas as celebrações e orações que faço diariamente. E sou prova viva de que, mesmo em tempos de dor, sempre há uma luz a ser acionada.

Para finalizar, no título deste capítulo enfatizo a palavra "pedinte", porque, realmente, na minha conversa diária com Deus, peço para que meus filhos jamais sintam alguma dor significativa, pois eu não iria aguentar vê-los sofrer. Tenho consciência de que a vida é feita de percalços e todos sofreremos em algum ponto dessa jornada, inclusive fisicamente. Eu mesmo vivenciei três vezes a terrível situação de capotamento em acidente de carro, já vi pessoas presas em ferragens após colisões em estradas, com todo tipo de ferimentos e traumatismos, e pensar nesses e em outros riscos me faz pedir pelo bem-estar da minha família. Peço também pela saúde da minha mãe, que é uma mulher admirável e muito presente em todos os momentos da minha vida.

Lembrando que a Torá nos ensina a cuidar dos vulneráveis, a ter empatia pelo próximo e a agir com bondade, também sempre faço um pedido para que o mundo, seja judeu, seja cristão ou árabe, ocidental ou oriental, possa evoluir para uma condição em que as experiências coletivas reforcem mais os laços entre os indivíduos do que os motivos para matar ou morrer.

São demandas recorrentes que me colocam na condição de "pedinte assumido", não nego, mas também estão permeadas por um viés de responsabilidade de quem compreendeu a tempo que os vínculos familiares, as amizades e as interações sociais são fundamentais para uma vida plena e significativa.

Quando me pedem para definir o ponto exato em que o Luciano pós-doença e todos os tratamentos se diferencia do anterior, costumo dizer que é algo bastante sutil, porque, na verdade, sempre fui conectado ao sagrado e apegado à família. Os tempos de dor e incerteza extremas me deram um *chacoalhão* que desestruturou totalmente a minha vida, sem dúvida. Mas, no regresso desse inferno pessoal, me senti mais alinhado com meus valores mais profundos.

Sabe aquele princípio socrático do "Conhece-te a ti mesmo"? A reflexão permanente sobre minhas ações e motivações se tornou central na minha vida, esse é o ponto. A minha conversa com Deus hoje é uma prática que transcende o ato de meditar e orar; é um diálogo profundo que reflete a minha busca por significado, conexão e esperança.

Desde que essa prática de conversar com Deus se tornou uma prioridade na minha vida, percebo nitidamente que, muito além de ser um momento de petições, é uma prática que me impulsiona à aceitação das circunstâncias e ao desenvolvimento de um foco maior nas ações que posso controlar. Não tenho que fazer comparações com a grama do vizinho para entender o que se passa no meu jardim. Falar com Deus é uma oportunidade diária que tenho de entender minhas escolhas e meus caminhos.

Como todo ser humano, posso afirmar que continuo sendo um homem em busca de sentido na vida, mas, agora, amparado por uma certeza que é maravilhosamente traduzida pelo Salmo 145, em que lemos que Deus "está perto de todos os que O invocam com sinceridade".

Deus está aqui SEMPRE.

CAPÍTULO 7

NÃO DESISTA E TREINE COMO UM ATLETA (PARALÍMPICO) – O QUE LEVA AO SUCESSO É O HÁBITO

“Nós temos de ter coragem de ser radicalmente vivos. E não negociar uma sobrevivência.”

– Ailton Krenak

Atenção: este é um capítulo que contém uma análise imersiva sobre a importância de malhar o corpo… Te peguei, né? (risos)

Mas não estou tão doido assim: refiro-me, claro, a malhar o "corpo" de concepções daquilo que chamo de 3S da jornada humana: sofrimento, superação e sucesso.

Você já sabe disto que afirmo a seguir, até porque sempre digo e repito: a doença foi o melhor presente que eu recebi, porque, DE VERDADE, ela mudou a maneira como respondo aos meus desafios e, principalmente, a minha forma de enxergar a vida.

Claro que não faltam pessoas que reclamam dos reveses e acabam se afogando em ressentimento. Vamos conversar sobre isso mais adiante. Já eu prefiro *treinar ser grato*, não simplesmente como quem agradece quando alguém lhe presta um favor, mas sim como o atleta PARALÍMPICO (a palavra em maiúscula é a minha forma de homenagear os atletas brasileiros que fizeram história na Paralimpíada de 2024) capaz de colocar em prática uma escolha consciente, um exercício diário. E essa decisão tem o poder de realizar transformações inimagináveis.

Todas as grandes oportunidades que tive na vida eu busquei criá-las, e ainda hoje é exatamente assim. Uma ideia por dia. De cada dez tentativas, nove dão errado, e uma vale todo o esforço. Essa estatística pode parecer desanimadora à primeira vista, mas, na verdade, encerra em si o motor da minha perseverança. Como empreendedor de projetos que vão da área educacional à infraestrutura, passando por produções audiovisuais, além da minha carreira como modelo, ator e apresentador, meu caminho é repleto de desafios, incertezas e, muitas vezes, *fracassos*. Sim, essa palavrinha em itálico que muitos evitam sequer pronunciar.

Pois eu lhe asseguro, meu amigo, minha amiga: o *fracasso* é a jornada mais pedagógica que existe de aprendizado, crescimento e, principalmente, oportunidades.

"Como assim, Luciano?", ouvi você perguntando daqui (risos). Cada tentativa e erro resulta em ajustes e adaptações. Quando mergulhamos no universo do fracasso, aprendemos a enxergar os obstáculos não como uma barreira intransponível, mas como um degrau em direção ao nosso objetivo.

> **O fracasso é a jornada mais pedagógica que existe de aprendizado, crescimento e, principalmente, de oportunidades.**

Um dos principais ensinamentos que o fracasso me proporcionou foi a resiliência. Cada erro, cada falha é uma oportunidade para eu aprender. Viajo o Brasil todo e também para o exterior mediando interesses para concretização de negócios diversos, e todas essas situações têm algo em comum: são os fracassos que ensinam lições valiosas sobre o mercado, sobre as necessidades dos clientes e, acima de tudo, sobre nós mesmos. Eles nos forçam a reavaliar nossas estratégias, a buscar novas abordagens e a tentar de novo, e sempre.

A história está repleta de exemplos de empreendedores que enfrentaram dificuldades imensas antes de alcançar o reconhecimento e a realização. Thomas Edison, por exemplo, realizou milhares de experimentos até inventar a lâmpada elétrica. Cada uma de suas falhas foi um passo em direção à invenção que transformaria o mundo. Ele acreditava que cada erro era uma oportunidade de se aproximar da solução correta, e essa mentalidade é crucial para qualquer empreendedor.

Quantas vezes tive que trabalhar de graça para ter um aprendizado que me interessava em determinada área? Muitos diziam que eu era maluco por desperdiçar meu tempo de graça, mas eu sempre encarava como uma oportunidade única de aprendizado para os negócios e para a minha vida.

Neste momento, cabe a pergunta: você já pensou que a potência que o Brasil se tornou nos esportes paralímpicos, disputando pau a pau no quadro de medalhas com China e Estados Unidos, só foi possível porque alguém não desistiu e decidiu lutar, mesmo quando o mundo inteiro e seu próprio corpo disseram "NÃO"? Não desistir e treinar como um atleta paralímpico (viva Paris 2024!) vale para o desenvolvimento de todas as nossas habilidades, inclusive no âmbito espiritual, sabia?

Quem tem emuná, fé, sabe que não existe equívoco da parte de Deus, cada um está onde precisa estar. Mas isso não quer dizer que devamos nos acomodar ou nos acovardar diante de um problema, ainda que seja uma situação extrema. Muito pelo contrário. Essa é a hora para pararmos de trabalhar contra nós mesmos e desenvolvermos o nosso máximo potencial.

Quando me perguntam se não senti medo em algum instante enquanto estive doente, eu respondo: "A que parte do dia a dia de um paciente você está se referindo, antes ou depois da coleta?". Claro que eu me assustei e me desesperei; Super-Homem era apenas o meu disfarce (risos). Um pouco de descontração ajuda a desopilar a mente. Eu já havia perdido minha irmã tão amada para a ELA, a mesma doença contra a qual Stephen Hawking lutou a vida toda, e também perdi meu saudoso pai, mas a verdade é que tomei um senhor choque de realidade quando a morte parou de apenas me rodear, sentou-se na minha cama e resolveu ficar ali olhando para mim. Por mais que todos saibamos ser a vida um caminho inevitável para o fim, isso é líquido e certo, em situação alguma estamos cem por cento preparados para morrer e sair de cena de fato. Até mesmo quando "aceitei morrer", conforme confidenciei no capítulo anterior, não posso dizer que estivesse completamente seguro disso.

Jamais havia sentido tanto medo na vida, nem mesmo quando tive uma metralhadora apontada para a cabeça ou quando escapei por um triz da cobertura de um prédio em chamas. Eram situações que despertavam em mim um sentimento de autopreservação, porque de alguma forma eu tinha a autonomia intacta e estava no "controle" para enfrentar o perigo e também para correr dele.

Na verdade, não passamos de peões no jogo de xadrez da vida, sem ter controle de absolutamente nada. E me dei conta disso da pior forma possível: berrando de dor antes de ser operado para a colocação da bolsa de colostomia. A dor era tão forte que, pela primeira vez, vi se aproximar de mim a minha "hora e vez". Como já mencionei, tinha enfrentado as mortes de minha irmã e de meu pai, porém, de alguma maneira, o quadro de enfermidade que precedeu esses momentos tão difíceis nos preparou para a sua chegada.

Já a covid-19 seguida por tantas complicações pegou a mim e a todos ao meu redor de surpresa, e tombei feio. Ninguém está preparado para morrer, repito, e imagino que o mesmo vale para a perda de um filho. Vi um depoimento da grande atriz e apresentadora Cissa Guimarães em que ela usa uma palavra exata: "insuperável". Não tem superação. Mas isso não impede que o dia seguinte nasça. Mas, então, como seguir em frente?

O meu "dia seguinte" também veio, e foram muitos dias de internação, nos quais esses pensamentos dolorosos passavam e repassavam pela minha mente. E inevitavelmente isso nos puxa para uma compreensão mais radical do que seja vivenciar a nossa própria essência. Quando escrevo sobre isso, fico pensando naquela imagem histórica registrada por um fotógrafo francês na Olimpíada de Paris, que vai ecoar por muito tempo em nossos corações e mentes: o fabuloso atleta Gabriel Medina, maior surfista brasileiro de todos os tempos, levitando em linha reta sobre as ondas do mar do Taiti.

Aquela visão não sai da minha mente porque é fora de série, claro, mas sobretudo porque a câmera conseguiu capturar e congelar a plenitude de um ser que vivencia a sua vocação primordial, aquela que o conecta completamente com a sua essência humana, que é uma expressão da divina. Alguém mencionou que, na foto, Medina está parecendo um deus, e é exatamente essa a sua condição ao dar vazão ao seu desejo maior e não lhe oferecer resistência; ele simplesmente vai lá e faz.

Não raro, repito esta frase para mim mesmo, normalmente quando estou titubeante ou pensando em procrastinar alguma tarefa: "Não pensa. Vai lá e faz!".

> **Não pensa. Vai lá e faz!**

Quando se trata de exercício físico logo nas primeiras horas da manhã, utilizo muito esse comando para evitar dar aquela enganada básica e voltar para a cama. Mas mesmo quando estou "só o pó", após uma noite maldormida, me lembro daquele livro fantástico intitulado *O milagre da manhã*, que li e reli um sem-número de vezes enquanto estava em tratamento, e me OBRIGO a ir. E sabe do que mais? A volta é sempre mais doce do que a ida.

Por isso, jamais ofereça resistência ao seu bem-estar, prejudicando assim a pessoa mais importante da sua história: você.

Sabe aquela canção da banda sueca Roxette, que diz "*listen to your heart, when he's calling for you, I don't know where you're going and I don't know why, but listen to your heart, before you tell him goodbye*" (ouça seu coração, quando ele estiver chamando por você, eu não sei para onde você está indo e não sei por que, mas ouça seu coração, antes de dizer adeus a ele)?

Pois é, treine ouvir seu coração, sua mente, sua vocação como um atleta! Todos os dias, horas, minutos, até a exaustão. Sem jogo de palavras nem meias atitudes. O pódio da sua vida pode esperar o tempo que for: planeje, dedique-se, meça as consequências, mas não sucumba a uma existência medíocre. Treine amar como se você soubesse que não haverá amanhã. E "na verdade não há", é o que nos diz a canção da Legião Urbana.

Assim como a saúde mental hoje é considerada um artigo de luxo, dizem os especialistas, ter tempo para o nada, como sabiamente recomenda o poeta Fabrício Carpinejar, é mais do que um item premium em um mundo no qual as pessoas se encontram presas na incessante luta pela sobrevivência. Eu tenho consciência disso. Muitas conseguem garantir o sustento com o próprio trabalho, mas acabam dedicando todas as suas horas a essa batalha e ficando oprimidas por uma rotina desgastante.

Alguém que acorda antes do amanhecer e utiliza múltiplos meios de transporte para chegar ao local de trabalho dedica horas de esforço, e tudo se repete no final do dia. Ao chegar, o descanso é sagrado para recarregar as forças e reiniciar o mesmo ciclo no dia seguinte. Então, eu pergunto: essa pessoa vive ou apenas sobrevive?

“O pódio da sua vida pode esperar o tempo que for: planeje, dedique-se, meça as consequências, mas não sucumba a uma existência medíocre.”

Ela consegue estar presente em cada momento que realmente importa ou se dá por satisfeita quando consegue dar conta de tudo e bater o ponto de cada dia? Essa pessoa sente saudade do que viveu ou sua memória é um amontoado de boletos que ainda estão atrasados e precisam ser pagos?

Veja bem, por me referir muitas vezes a demandas financeiras, pode parecer que essa situação seja exclusiva dos trabalhadores de baixa renda. Ledo engano. Tenho negócios com empresários e executivos dos mais diversos perfis, e a maioria deles também cai nessa mesma armadilha, dedicando doze, catorze ou até dezesseis horas diárias ao trabalho. Frequentemente, eles viajam de uma cidade a outra, sempre em busca de conquistas e mais conquistas: mal têm tempo para cuidar da saúde, da família e dos filhos, pois estão constantemente em estado de alerta, competindo em um ambiente desenfreado.

Durante os fins de semana, é comum que esses homens e essas mulheres "de sucesso" não consigam se desconectar do trabalho e se vejam sobrecarregados com tarefas que levam para casa, documentos a serem lidos e assinados, pendências de todo tipo a serem respondidas e encaminhadas. Para muitos, o escape acaba sendo encontrado em bebidas alcoólicas ou em pílulas que prometem trazer felicidade.

Pode parecer chavão, mas ter como único bem uma conta bancária polpuda é apenas uma forma glamorizada de pobreza. Você pode argumentar: "Ah, Luciano, mas pelo menos eles têm dinheiro!". É verdade, mas aqui volto a parafrasear o magnífico Carpinejar: de que adianta ter riqueza se não podemos ter momentos de verdadeira riqueza para lembrarmos?

Riqueza significa viver em abundância, o que é algo muito distinto de apenas lutar para sobreviver ou ter uma existência quase mecânica, focada unicamente em ganhar dinheiro e manter um status que, no fundo, não traz a plenitude que todos desejam e merecem.

Ainda mais triste é constatar: pelo fato de simplesmente sobreviver ou viver de forma restrita, grande parte da humanidade não "vive" realmente. Isso porque viver implica "estar presente" de corpo e alma, algo mais profundo do que a mera presença física no mundo. Viver é muito mais do que trabalhar para pagar contas ou passar os dias elaborando estratégias para assegurar status e luxo. Para existirmos verdadeiramente, precisamos estar conectados a algo maior.

Essa frase ecoa na minha mente como um mantra, um lembrete constante de que a vida não se resume apenas a procurar felicidade ou sucesso. É um chamado à transcendência, à busca por significados que vão além do cotidiano. Ao longo da minha jornada de tratamentos, percebi que a conexão com o que nos cerca aqui e além é o que realmente dá sentido à nossa existência.

Penso nas relações humanas como espaços sagrados de compartilhamento. É como se cada um de nós fosse uma nota em uma sinfonia maior que, ainda assim, é capaz de preservar e valorizar cada uma das suas vozes. A música é um terreno em que a Luha, minha esposa, transita muito forte, por ser cantora, e tem essa capacidade mágica de nos conectar profundamente, tocar o coração um do outro, tecer fios invisíveis que unem as nossas almas.

Eu e você somos partes de algo muito maior do que nós mesmos. Para muitos, essa é a fonte última de significado. A espiritualidade, independentemente das crenças, nos convida a olhar para além do material, a buscar um propósito maior. Em momentos de dúvida ou dificuldade, é essa conexão que me traz paz e clareza. Acredito que, ao me conectar com o que considero sagrado, o amor da e pela minha família, encontrei a força necessária para enfrentar os maiores desafios. Foi nesse espaço de conexão que encontrei a minha verdadeira essência.

> **A espiritualidade, independentemente das crenças, nos convida a olhar para além do material, a buscar um propósito maior.**

A conexão com algo maior também nos traz um senso de pertencimento e vou tratar mais desse aspecto no próximo capítulo. Em um mundo que, na maior parte do tempo, parece fraturado e isolante, a sensação de pertencer é vital. Ela nos lembra que não estamos sozinhos em nossas lutas e que, juntos, somos mais fortes. Como paciente colostomizado, encontrei esse pertencimento, e as dificuldades se tornaram mais suportáveis.

Ao olhar para trás, percebo que me conectei profundamente com outras pessoas, com suas histórias, alegrias e tristezas. Eu não apenas ouvia e conversava com pessoas que estavam na mesma situação que eu, mas também sentia com elas. Praticar a presença e estar realmente atento ao que ocorre ao meu redor moldaram quem eu sou hoje.

Cada uma das experiências compartilhadas é um fio na tapeçaria da minha existência. A fragilidade e a força da vida, os dois lados da mesma moeda. Sou eternamente grato por cada encontro, por cada história que cruzou o meu caminho. Eles me ensinaram que a verdadeira essência da vida não está em acumular bens ou conquistas, mas em cultivar relacionamentos e experiências que nos elevam. É terrível pensar que muitas pessoas apenas "subexistem", sem abraçar a beleza da vida e sem buscar essas conexões, não apenas com os outros, mas consigo mesmas. O autoconhecimento é basilar para quem deseja avançar, descobrir e fazer o que realmente importa.

No meu caso, a doença me fez parar e refletir na marra. Havia aquelas janelas de tempo intermináveis em que eu era obrigado a ficar deitado em cima de uma cama só com a televisão e as paredes para olhar. Então, eu desafiava a mim mesmo: "Tá bom, eu paguei o preço que a vida me cobrou sem regatear, estou aqui preso em uma cama de hospital, à mercê de vírus e bactérias poderosíssimas, mas vou sair daqui e buscar a realização de todo o meu potencial. Vou viver de maneira tão intensa que, ao deitar à noite, sentirei um profundo orgulho das marcas que deixei neste mundo".

Se eu estou conseguindo? Sigo treinando e vou em frente. E o sorriso estampado no rosto de cada um dos meus filhos é o combustível para a minha vida.

Já para a minha alma, o combustível sempre foi e continua sendo a leitura. Todos sabem que trabalho muito pela formação de leitores no Brasil. Faço isso por mim e pela humanidade. A leitura é uma ferramenta poderosa que pode transformar não apenas o modo como vemos o mundo, mas também como interagimos com ele. É muito importante que isso seja dito com todas as letras por alguém que preside um instituto dedicado à causa da leitura, em um livro que pretende reconstituir o decisivo *turning point* na vida de um ser humano.

Ao ampliar nosso conhecimento, desenvolver empatia, estimular a reflexão crítica, fomentar a criatividade, construir identidade, abrir-nos a novas culturas, melhorar a comunicação e promover o autoconhecimento, a leitura nos capacita a viver de maneira mais plena e consciente. O hábito de ler nos oferece as chaves para a autocompreensão e as mais diversas conexões, permitindo-nos navegar pelas complexidades da vida com mais sabedoria e sensibilidade.

Especialmente na fase em que fui seriamente nocauteado, eu me dediquei à leitura, buscando me *alimentar* de fato. Se eu disser que não lembro exatamente quantas e quais obras li e reli no período de internação, não estou exagerando, mas o fato é que devorava páginas e absorvia seu conteúdo como alimento necessário para a sobrevivência.

Foram muitos títulos voltados ao aprimoramento pessoal e profissional, com um viés prático e também mais analítico e aprofundado. Esses conteúdos absorvidos em um momento de tamanha fragilidade física e mental aguçaram em mim a certeza de que é preciso aproveitar ao máximo todas as oportunidades oferecidas pela vida, inclusive as situações extremas.

Fico pensando o quanto estar aberto a novas perspectivas, algo que eu poderia chamar de flexibilidade mental, possibilitou que eu me tornasse resiliente a tantas mudanças na minha vida em tão curto espaço de tempo. O contrário disso é o que os especialistas chamam de ressentimento. Ressentir-se com a vida é um estado em que uma pessoa transforma sua própria impotência em uma força negativa.

A brilhante psicanalista Maria Rita Kehl afirma que a raiva é muito mais produtiva e "saudável" que o ressentimento, porque alguém que se sente prejudicado ou traído de alguma forma e reage imediatamente está sendo movido pela pulsão de vida, ainda que isso possa trazer consequências bastante negativas. Já o ressentido faz exatamente o oposto e se deixa consumir por um veneno que corrói a alma. O ressentimento impede o indivíduo de realizar seu potencial, pois faz com que ele se concentre no que lhe foi tirado ou negado e na autovitimização, em vez de assumir a responsabilidade pelas suas escolhas e tomar alguma atitude. Para Nietzsche, assim como outro grande filósofo da música popular, grande Cazuza, a quem tive a honra de conhecer pessoalmente, os ressentidos com a vida são aquelas pessoas de alma bem pequena (se lembra do maravilhoso "Blues da Piedade"?), que odeiam o mundo e o repelem de dentro de suas redomas menores ainda.

Uma leitura muito interessante que explora a psique do maior assassino de pessoas do meu povo que já existiu surpreendentemente o identifica como um grande… RESSENTIDO. Segundo descreve o psicanalista Walter C. Langer, no livro *A mente de Adolf Hitler*, publicado com base em um relatório de observações psicológicas preparado para ajudar os estrategistas militares norte-americanos a derrotarem o nazismo durante a Segunda Guerra Mundial, o ditador sanguinário era um homem fechado emocionalmente, que guardava muitas mágoas. Isso não só dificultava a construção de relações saudáveis, como também amplificou sobremaneira o sentimento de inveja e o desejo de vingança. A questão é que, enquanto o ressentimento é algo que tipicamente paralisa e faz a pessoa remoer suas amarguras "dentro do quarto", no caso do Hitler, virou potência de ação, e o resto a história conta.

A esta altura, já ficou até repetitivo dizer que não desenvolvi nenhum tipo de ressentimento pelo que me aconteceu, mas acredito ser um bom gancho para reforçar uma afirmação potente do doutor Viktor Frankl, psiquiatra austríaco sobrevivente de quatro campos de concentração. Está registrada no belíssimo livro *Em busca de sentido*, que já citei anteriormente, e me deixa verdadeiramente impactado a cada vez que eu leio: "Quando já não somos capazes de mudar uma situação – pensemos numa doença incurável como um câncer inoperável – somos desafiados a mudar-nos a nós próprios".

Frankl acreditava que o sofrimento, por si só, é sem sentido; nós damos significado ao nosso sofrimento pela maneira como respondemos a ele.

Fico arrepiado ao pensar que é exatamente isso que os nossos valorosíssimos atletas paralímpicos fazem todos os dias para superar barreiras e levar o nome do Brasil para o mundo: eles escolhem o próprio caminho diante de qualquer circunstância. Essa motivação mais profunda é a verdadeira potência de ação.

Quando penso na experiência desumana dos meus antepassados durante a Segunda Guerra, os quais perderam absolutamente tudo nos campos de concentração nazistas, até mesmo o seu nome, eu sentiria vergonha de esperar algo mais da vida.

Como também afirma Frankl, a vida é que espera de nós.

CAPÍTULO 8

UMA CAUSA MAIOR – PARA CHAMAR DE MINHA

“Quando você se conecta com sua essência espiritual, tudo se torna possível.”

– Rabino Shalom Arush

Todo ser humano passa a vida transformando *vivências* em *experiências*, não apenas para elaborar a sua própria existência de alguma forma, como também para compartilhar com os outros. Somos *seres culturais*, cuja cultura é construída por meio das histórias que contamos. Ninguém quer passar a vida na arquibancada, como mero espectador; todos desejamos assumir o papel de protagonista da história e dividir com a plateia algo do qual possamos nos orgulhar. Como ator, sei muito bem disso.

Deixar um legado implica ter uma *causa maior*, que, por sua vez, nos aproxima de Deus, ou Hashem, como é chamado o Criador no livro *O jardim da emuná*. Convivo com pessoas privilegiadas financeiramente, mas, sem nenhuma demagogia, não conheço ninguém que, em sã consciência, aponte o dinheiro como causa maior da sua vida. Isso é muito fácil de comprovar, pois, a partir de certo nível de conforto e preenchimento das necessidades humanas, a felicidade não advém mais do acúmulo de bens e dividendos. A *causa maior* diz respeito ao propósito da nossa vida, aquilo que move o desejo e, portanto, nos move a cada dia na direção das nossas realizações.

Otavio de Almeida, meu grande mestre no jiu-jítsu e na vida, pai do meu irmão de alma, Otavio de Almeida Junior, foi um exemplo de sabedoria e generosidade para mim. Morreu de ataque cardíaco dando aulas de ginástica em um navio, o que para muitos pode não ser considerado um modelo de sucesso, de acordo com a visão reducionista que impera em nossa sociedade. Já questionei antes o conceito de sucesso quando compartilhei o legado que busco deixar para os meus filhos: uma formação sólida, muito além de apenas bens materiais. Isso é importante porque, a meu ver, o que nos salva da mediocridade é o conhecimento.

Deixei para este capítulo uma segunda, e não menos importante, concepção de sucesso, porque tem a ver com o tema do propósito de vida e, portanto, com a trajetória do meu mestre Octavio. Ele exerceu a sua principal vocação, que era ensinar e difundir princípios das tradições orientais, como respeito, humildade e perseverança. Será que ele fazia tudo isso para obter reconhecimento ou algum outro tipo de status? Claro que a sua reputação como um mestre formidável se consolidou ao longo de tanto tempo de serviços prestados, mas o que salta aos olhos é a sua paixão pelas artes marciais e a dedicação ininterrupta à formação de legados duradouros. O exemplo do mestre Octavio me recorda da parábola judaica contada por um rabino sobre o quanto as pessoas esqueciam rapidamente pequenas ações realizadas com um punhado de dinheiro e sempre se recordavam de ajudas prestadas a terceiros com a mesma quantia.

Se tivéssemos uma moral da história, para resumir eu diria que o feito apenas para si logo é apagado da mente. Já o feito para o próximo fica gravado para sempre. Esta é a melhor definição de sucesso para mim: ter uma causa maior e vivenciá-la todos os dias da sua vida, seja ela longa ou breve.

Outra parábola judaica também ensina que a verdadeira grandeza do ser humano reside nas ações em prol dos outros: imagine uma pequena aldeia onde todos os moradores se preocupam apenas com os próprios interesses. Há uma seca severa, e a água escassa faz com que todos lutem por um dos poucos poços que ainda restam. Cada um, em sua ânsia por sobrevivência, esquece o significado da comunidade e da solidariedade.

Em contraste, surge uma figura sábia e generosa, que, em vez de se preocupar apenas em garantir a própria água, decide compartilhar o que tem. Essa pessoa começa a servir a água aos necessitados, incentivando outros a fazerem o mesmo. Com o tempo, a aldeia inteira se transforma: as pessoas começam a ajudar umas às outras, a compartilhar não apenas a água, como também os alimentos e os recursos. A escassez se torna menos opressiva, pois a união e a solidariedade criam um ambiente onde todos se sentem apoiados.

A moral dessa parábola é clara: quando ajudamos o próximo, não apenas atendemos suas necessidades, mas também fortalecemos os laços da comunidade. O ato de dar é mais enriquecedor do que o ato de receber, e isso se reflete em nossa própria felicidade e realização. A verdadeira riqueza não está nos bens que acumulamos, mas nas conexões que construímos e nas vidas que tocamos.

> **“O ato de dar é mais enriquecedor do que o ato de receber, e isso se reflete em nossa própria felicidade e realização.”**

Em um mundo onde o individualismo frequentemente prevalece, fui desafiado a olhar para além de mim mesmo e a reconhecer que, ao ajudar os outros, estava, na verdade, ajudando a mim mesmo. Não sei se já disse isso textualmente para os meus filhos, mas certamente eles lerão aqui: o maior legado que eu posso deixar para eles é o mesmo que vou deixar na vida das pessoas que impactei com as minhas atitudes, e a minha maior realização vem da capacidade de fazer a diferença na vida de alguém.

Essas não são palavras retóricas que li em algum receituário de escoteiro, com todo o respeito a esse movimento centenário que ajuda a desenvolver nos nossos jovens um forte senso de comunidade e solidariedade. O escotismo é maravilhoso! Mas quero me referir aqui a uma vivência concreta, pessoal e intransferível, que me ensinou a importância da aceitação, da empatia e da gratidão.

Quando me tornei usuário de bolsa de colostomia, ganhei uma nova família. SIM! Todos sabem pela imprensa que, durante um longo período, cerca de um ano e três meses, fui um dos milhares de portadores desse dispositivo médico acoplado ao abdômen para coletar fezes e urina. Sentença de morte ou uma baita oportunidade de reescrever minha história?

Durante algum tempo, pouco, felizmente, tive de lidar com meu narcisismo primário *à la* Hamlet, o Príncipe do Dilema, do nosso imortal Shakespeare, e vivi momentos de muita incompreensão temperada com boas doses de pessimismo e fatalismo. E posso atestar que foi justamente a conexão com outros pacientes que despertou em mim um novo sentido para tudo isso.

Sendo absolutamente sincero, até me deparar com aquele saco no meio da barriga, eu tinha uma vaga ideia do que é ser colostomizado. Eu, *outsider* absoluto no mundo das próteses e dos dispositivos médicos. Mas tenho fama de aprender rápido também. Em pouco tempo, já estava chamando a abertura na parede abdominal sobre a qual a bolsa é colocada e que temos de higienizar com frequência, de imitação de cu de babuíno. Quem me conhece sabe que sou um capricorniano rabugento, crítico até não poder mais, e ainda junto isso ao humor judaico ferino, então já viu, né?

Voltando à família estendida que ganhei de presente, lembro-me de ter recebido, logo que a notícia sobre o uso da bolsa de colostomia foi publicada, centenas de mensagens de outras pessoas colostomizadas se oferecendo para me ajudar. Mulheres e homens do Brasil inteiro e até do exterior que se sentiram à vontade para compartilhar comigo sua angústia após esse tipo de intervenção cirúrgica.

A ideia de lidar com um dispositivo externo por um tempo pode parecer simples, mas não é. Recebi partilhas de pessoas relatando como aquilo havia mudado completamente a forma como se enxergavam. Viviam aterrorizadas. O medo da rejeição, da vergonha e da incapacidade de levar uma vida normal as consumia diariamente.

Logo após a cirurgia, também me vi cheio de medos e incertezas, mas em um curto período a realidade se impôs. Nos primeiros dias, meu corpo estava se recuperando, enquanto eu tinha de lidar com a nova situação. Os profissionais que cuidaram de mim no hospital me explicaram em detalhes o funcionamento da bolsa, e eu também passei a buscar informações sobre colostomia.

Nessa jornada, tive o privilégio de contar com o apoio de uma enfermeira estomaterapeuta, especializada no cuidado de estomias, que são as aberturas feitas por cirurgia no abdômen para saída de fezes e urina. Não conhecia essa especialidade tão importante e, por isso, sempre faço questão de divulgá-la para o maior número possível de pessoas. Foi com a querida Ana Paula Moura que aprendi um pouco mais sobre a estomaterapia, cujos profissionais são habilitados desde a década de 1970. Ainda no hospital, fizemos um pacto de enfrentarmos tamanho desafio juntos, e ela também foi uma das primeiras pessoas com quem compartilhei a minha vontade de tornar pública essa experiência pessoal tão desafiadora.

Com o tempo, minha confiança começou a crescer. A aceitação não era completa, mas voltei a sair e a me vestir de forma que me fizesse sentir bem, e a interagir com as pessoas sem o peso da vergonha. Cheguei a frequentar até a casa de amigos em pequenas reuniões, ainda com os cuidados necessários devido à pandemia, mas o que antes parecia impossível, aos poucos, foi se tornando uma realidade. Obviamente, ainda havia recaídas de insegurança, mas aprendi a lidar com isso de forma bem-humorada, até mesmo no caso daquele cheirinho desagradável em público quando a bolsa estava cheia (risos).

Um dos momentos mais significativos da minha jornada foi quando decidi desfilar em uma das edições do São Paulo Fashion Week com a camisa aberta para mostrar que estar em pé e respirando era o maior de todos os motivos para eu usar aquela bolsa. Sendo absolutamente sincero, pisei naquela passarela convicto de que todos nós, artistas e anônimos, usuários do dispositivo, somos exatamente iguais, e a bolsa era o instrumento necessário para estarmos vivos.

Minha mãe querida foi radicalmente contra, pensando, claro, em me proteger dos olhares críticos e curiosos. Mas concluí que poderia retribuir minimamente o imenso gesto de generosidade de quem entrou em contato comigo para me confortar e também compartilhar suas desventuras.

A colostomia não nos define, e eu precisava mostrar isso para as pessoas. A repercussão foi grande e muito positiva. Não demorou e passei a ver homens e mulheres publicando fotos em suas redes sociais com a bolsa exposta. Até quem não tinha coragem de ir à praia em razão do dispositivo fez postagens sem esse tipo de censura autodepreciativa.

Cheguei a participar de inúmeras reuniões, palestras e até mesmo de uma das edições do Congresso Brasileiro de Estomaterapia, em

2022, para parabenizar todos os profissionais que dedicam a própria vida a restaurar a dignidade e a confiança dos pacientes, permitindo que sigam sua jornada com mais conforto e liberdade. Agradeço de coração por serem tão dedicados e por iluminarem o caminho de tantos. O impacto desse trabalho vai muito além do que se pode ver, e eles merecem todo o reconhecimento por fazerem uma diferença imensurável na vida de todos os colostomizados e de seus familiares.

Participar dessa rede de conforto humano e emocional tornou a minha dor menos dolorosa, pode acreditar. Valeria a pena ter ficado doente só para mudar uma vida, mas foram muitas. Cheguei a receber mensagens de pessoas que estavam pensando em se suicidar por causa da bolsa e foram demovidas dessa ideia. Até hoje, mesmo após a retirada da bolsa de colostomia, continuo envolvido com a causa, que é muito maior do que qualquer vaidade pessoal ou senso de autopreservação.

Sempre que posso, faço questão de ajudar outros pacientes que enfrentam desafios semelhantes. Mantenho contato permanente com grupos de apoio, compartilhando minha jornada e oferecendo encorajamento a quem está lutando. Ver o brilho nos olhos de alguém que passa a acreditar que tudo vai ficar bem é uma recompensa inestimável. Cada história que ouço e cada sorriso espontâneo reforçam a minha convicção de que compartilhar a dor pode fazer uma diferença real. Essa causa se tornou uma parte fundamental da minha vida, um propósito que me motiva a viver plenamente.

Quando escolhi o título deste capítulo, pensei nos grandes exemplos de superação que conheço, mas tenho plena convicção de que, antes de tudo, estou dizendo algo sobre mim, o Luciano que emergiu após tantos tsunâmis externos e internos. Eles me ensinaram que, mesmo nas dificuldades, podemos encontrar significado e esperança.

Agora sei que minha experiência não foi apenas uma batalha pessoal, mas uma oportunidade de iluminar o caminho de muitos "alguéns". Esse é o verdadeiro sucesso.

Estou reforçando muito a importância das ações em prol dos outros como a verdadeira grandeza do ser humano, mas nunca podemos nos esquecer de que cuidar de si mesmo também é cuidar de alguém. Pode parecer paradoxal à primeira vista, mas, quando cuidamos de nós mesmos, melhoramos nossa capacidade de estarmos presentes e disponíveis para aqueles que nos cercam. O autocuidado não é um ato egoísta; é um investimento na nossa capacidade de nos relacionarmos de forma saudável com os outros.

> **“O autocuidado não é um ato egoísta; é um investimento na nossa capacidade de nos relacionarmos de forma saudável com os outros.”**

Imagine uma pessoa que se dedica intensamente ao trabalho, sacrificando seu bem-estar físico e emocional. À medida que essa pessoa se esgota, sua capacidade de se conectar com amigos, familiares e colegas de trabalho diminui. A irritação e o estresse se tornam mais frequentes, e a empatia, uma qualidade essencial para cuidar dos outros, se esvai. Nesse sentido, ao negligenciar o próprio cuidado, essa pessoa não apenas prejudica a si mesma, mas também limita a qualidade das interações e do apoio que pode oferecer aos outros. Quando uma pessoa se dedica a cuidar de sua saúde física, mental e emocional, se torna mais capaz de oferecer amor e construir relações saudáveis e significativas.

Por tudo isso, o novo Luciano que nasceu após o tsunâmi da covid-19 é aquele cara escaldado que, antes de tudo, faz uma curadoria bem criteriosa de suas próprias ações e escolhas. Em papo reto comigo mesmo, decidi buscar novas formas de cuidar de mim. Por exemplo, aprender a acalmar a mente e a ouvir o corpo por meio da meditação tem sido um aliado poderoso. Cheguei a postar uma imagem após ter meditado em plena praia para aliviar o estresse, em conexão com a natureza, sentindo a energia do oceano e a paz que ele oferece. Atividade física então, nem se fale, virou prioridade, já disse, não só para as funções do corpo, como também para melhorar meu humor.

Além disso, comecei a buscar terapias complementares, como o uso do canabidiol (CBD), medicamento à base da *Cannabis*, conforme tenho divulgado nas minhas redes sociais. Em um quadro de estresse pós-traumático, é comum as pessoas apresentarem crises de ansiedade e muita dificuldade para dormir, como foi o meu caso após a experiência da covid-19, e, logo que passei a usar o canabidiol, senti uma melhora significativa. Claro que é importante cada paciente buscar um profissional da medicina habilitado para avaliar a utilização desse medicamento tão importante na atualidade no tratamento da dor e de diversas doenças crônicas e degenerativas.

* * *

Ao longo da minha jornada, enfrentei desafios que, à primeira vista, pareciam insuperáveis. Cada obstáculo que surgia era uma montanha que eu precisava escalar, uma tempestade que eu tinha de atravessar. Mas, com o tempo, percebi que essas dificuldades eram não somente testes para mim, mas também lições que eu poderia transformar em faróis de esperança para outros. Todas as vezes que compartilho a minha história, vejo os olhos de quem me ouve se iluminarem. As pessoas se identificam com a minha luta e encontram forças para enfrentar a sua própria luta.

Sabe quando eu entendi que "a solidão é pretensão de quem fica escondido fazendo fita", como dizia um dos maiores poetas e profetas da minha geração, Cazuza, que acabou de ser ressuscitado em alto estilo com um livro belíssimo de poemas dele mesmo, reunidos pelo jornalista Ramon Nunes Mello com a curadoria da querida Lucinha Araújo…?

Quando alguém me agradeceu por ter compartilhado uma parte da minha história, quando vi pessoas se reerguerem após ouvirem que não estavam sozinhas em suas lutas. Esses momentos me fazem perceber que a minha experiência tem um propósito maior. As partilhas que eu faço se somam a muitas outras, como as que foram registradas aqui, construindo uma ponte que conecta vidas. E, assim, a dor que antes me isolava propiciou criar novos laços. O que eu considerava um fardo se tornou uma fonte de inspiração.

> **A superação de cada obstáculo nunca é um ponto final em si, mas o início de uma nova fase.**

A superação de cada obstáculo nunca é um ponto final em si, mas o início de uma nova fase, em que invariavelmente encontramos um propósito de vida. Meu coração se enche de gratidão por cada "alguém" que cruzou meu caminho, e, assim, juntos, mantemos ativa uma rede de apoio, resiliência e inspiração.

Sigo abraçando todas as partes de mim e tocando vidas ao meu redor. Ser ponte, escada ou farol para que a escuridão se dissipe e a luz do fim do túnel possa se manifestar é um legado que vai além de qualquer realização pessoal. É por essas conexões genuínas que vale a pena viver.

DUAS PARTILHAS

Fui para o hospital com o diagnóstico de diverticulite. Quando estava prestes a ter alta, foi realizada uma tomografia, pois minhas taxas não baixavam. O exame constatou que a massa encontrada no meu intestino, na verdade, era câncer, e que eu deveria ser operado. As alternativas eram urgência (no dia seguinte) ou emergência (na hora). A equipe médica escolheu a segunda opção.

Sobre as coisas ruins que sabemos que existem, a tendência é achar que nunca vão acontecer conosco ou com alguém próximo a nós. Até que acontece, e precisamos assimilar e nos adaptar. A palavra que melhor descreve essa situação é choque. Naquele momento, fiquei abobalhado e tentei não pensar na possibilidade de morrer, mas, infelizmente, nosso cérebro nem sempre nos obedece, e fui avisado do risco da cirurgia, pois sou cardíaco.

Quando fui para a mesa de cirurgia, já estava ciente de que poderia ser necessário colocar a bolsa de colostomia. Ao acordar da anestesia, o fato de estar vivo superou em muito a questão de ter que usar a bolsa. A partir daí, quem ficou um bom tempo internado sabe disto: torcemos e rezamos desesperadamente para que nada dê errado e possamos voltar para casa. Estar vivo é o que realmente importa.

Em casa, depois de alguns dias, estava pronto para encarar a nova realidade. Como estou com 66 anos e já tinha algumas restrições médicas, não senti tanto as dificuldades que a bolsa proporciona. Digamos que minha qualidade de vida decaiu de 20% a 30%, e, aos poucos, percebi que podia ir a shows, festas, cinema, praia. Enfim, estava tão bem adaptado que adiei a cirurgia de reconstrução por seis meses.

Acredito que, na grande maioria dos casos, o ostomizado pode e deve tentar levar uma vida bem satisfatória. Uma nova etapa começou após a cirurgia de reconstrução. A pequena margem que existe para algo dar errado realmente aconteceu, e foi preciso fazer uma nova cirurgia e colocar uma bolsa de ileostomia. Essa operação exige uma dieta mais rigorosa e um pouco mais de atenção.

O que me foi passado é que, depois de quatro meses, posso fazer uma nova operação, dessa vez bem mais fácil, e voltar à minha vida anterior. Neste momento, sigo me cuidando e esperando que tudo dê certo a partir de agora.

Não poderia deixar de agradecer às pessoas que trabalharam e me apoiaram nesses momentos difíceis: minha namorada, Christiane, meus filhos, Pedro e Mariana, toda a equipe médica que me operou, os enfermeiros e funcionários do Copa D'Or, e minha estomaterapeuta, Ana Paula.

Nesses momentos de fragilidade, é muito bom saber que existem pessoas que se preocupam conosco e nos fazem perceber que o mais importante é estar vivo.

– Diler Reynier de Abreu

* * *

Eu me chamo Bernardo, sou advogado e, atualmente, tenho quarenta anos. Em agosto de 2021, fui surpreendido por fortes dores abdominais e precisei ser internado, tendo sigo diagnosticada uma grave crise de diverticulite que resultou em uma microperfuração no meu intestino.

Naquele momento, apesar da pandemia, vivia uma ótima fase profissional, e minha vida deu uma enorme reviravolta, pois, de uma hora para outra, estava em uma mesa cirúrgica passando por uma cirurgia complicadíssima. Quando acordei, me deparei com uma bolsa de colostomia no meu abdômen.

Admito que, ao acordar, apesar de perceber aquele objeto estranho em meu corpo, não pensei muito nele, pois estava sentindo muita dor. Com o passar das horas, comecei a me atentar ao que estava vivendo. Ainda no hospital, após a indicação do meu cirurgião, conheci a enfermeira estomaterapeuta Ana Paula, que se tornou um anjo em minha vida, pois me ensinou tudo sobre trocas, cuidados e como lidar com aquela "novidade". A adaptação foi extremamente difícil e psicologicamente dolorosa. Enfrentei dificuldades com a bolsa, minha cabeça ficou confusa, e, se não fosse pelo auxílio e pela generosidade da Ana Paula, da minha esposa na época e da minha mãe, não sei o que teria sido de mim.

Além dessas pessoas, algo que me ajudou muito foi seguir nas redes sociais pessoas que utilizam a bolsa e vivem normalmente, mostrando que podemos conviver com essa nova realidade. Uma pessoa que, mesmo sem saber, me ajudou bastante a me recuperar psicologicamente foi Luciano Szafir, sobretudo após assistir a uma live em que ele contava todas as dificuldades do início e como conseguiu se adaptar e levar uma vida normal. Por coincidência, fomos operados pelo mesmo cirurgião, com poucos meses de diferença, e tivemos a mesma enfermeira, Ana Paula Moura. Aquele desfile dele no São Paulo Fashion Week estimulou e mexeu positivamente com minha autoestima e, com certeza, com a de centenas de pessoas que viviam a mesma situação e se sentiam abaladas psicologicamente.

Desejo eternamente felicidades, sucesso e saúde ao Luciano Szafir.

– José Bernardo Candido de Figueiredo Neto

AS GAVETAS DO NOSSO CORAÇÃO – A ESSÊNCIA DA GRATIDÃO

“A gratidão transforma qualquer situação.”

– Rabino Shalom Arush

Já disse antes e repito: eu não posso reclamar da vida!

Muito pelo contrário, mesmo tendo passado por momentos difíceis e traumáticos, sou um cara que agradece a Deus todos os dias pelos próprios problemas e falhas. Afinal, se eles também vêm de Deus, por que me desesperar, ficar triste e até me deprimir?

Um olhar voltado para o mundo filtrado pela gratidão não apenas arrefece as surras que levamos da vida, mas também faz com que passemos a sopesá-las de maneira diferente. Isso tem impacto direto e decisivo sobre as nossas relações com as outras pessoas.

No momento em que você entende que o seu encontro com alguém faz todo o sentido na sua existência, ainda que por um breve período, passa a enxergar até os atritos e as decepções advindos desse relacionamento de outra forma. Ninguém é apenas conforto, e todos somos falíveis.

Pensando sobre como a minha subjetividade se relaciona com os altos e baixos de todo e qualquer relacionamento, cunhei a expressão "gaveta do coração". Essa gaveta é um espaço íntimo e sagrado, onde guardo as minhas memórias, experiências e sentimentos. Cada pessoa que cruzou o meu caminho, cada amizade, cada amor, e até mesmo os conflitos e desentendimentos, têm seu lugar reservado ali. E, como em qualquer gaveta, é preciso organizá-la, rever o que guardei e, acima de tudo, entender o valor de cada item que ali se encontra.

E sabe o que é mais incrível? Todo mundo tem algo bom que eu posso guardar em uma gaveta e acessar sempre que a minha mente permitir. Mesmo as pessoas que, eventualmente, por vontade própria ou levadas por uma circunstância específica, acabaram me fazendo mal ou me prejudicando de alguma forma. A vida, em sua complexidade, nos apresenta momentos que nos desafiam e que, muitas vezes, nos deixam marcas profundas. Contudo, em vez de permitir que essas marcas se transformem em feridas abertas, prefiro olhar para elas como lições valiosas. Cada desafio enfrentado, cada lágrima derramada, cada sorriso compartilhado são como peças complementares que me ajudam a montar um quebra-cabeça sobre cada ser.

Isso é possível quando estamos 100% presentes em tudo o que vivenciamos, uma maneira de enxergar o mundo sobre a qual vou falar mais no último capítulo. Por agora, reforço que quem observa a vida com atenção plena tem um *recall* maior de gratidão, que pode se materializar, por exemplo, como flashes de bons momentos. Podem ser palavras verbalizadas ou apenas uma risada vitaminada que nos faça bem. A maneira como uma pessoa se veste. Um olhar de acolhimento. Quando temos "olhos de ver", sempre encontramos conteúdo para guardar dentro da gaveta do coração.

Claro que a gratidão é a chave que abre essa gaveta. Ao agradecermos também pelos problemas, conseguimos mudar a nossa perspectiva e encontrar beleza nas imperfeições da vida.

"Ao agradecermos também pelos problemas, conseguimos mudar a nossa perspectiva e encontrar beleza nas imperfeições da vida."

Isso nos ajuda a perceber que, assim como nós, os outros também têm suas lutas e falhas, criando um espaço de empatia e compreensão. Cada pessoa que passa pela minha vida deixa uma marca, e isso de alguma forma contribui para a minha jornada de evolução. Então, em vez de me apegar ao que foi doloroso, prefiro focar aquilo que me fez bem. É nesse sentido que a gaveta do coração se torna um espaço de gratidão, onde armazeno não apenas as memórias, mas também as aprendizagens que determinada convivência me proporcionou.

Outro aspecto importante que tem a ver com essa gaveta é a capacidade de perdoar. O perdão é uma ferramenta poderosa que nos liberta do peso do rancor e da mágoa. Quando perdoamos, estamos libertando não apenas o outro, mas principalmente a nós mesmos. Sempre que me lembro de alguém e abro a gaveta do coração, automaticamente deixo as mágoas do lado de fora. Isso permite um reencontro leve e gratificante com o meu passado. Esse movimento de desprezar as mágoas é fundamental para que possamos seguir em frente, sempre em busca de crescimento e evolução. O contrário disso é o ressentimento, sobre o qual já conversamos anteriormente, que cristaliza uma conduta de autovitimização e estagnação.

A vida é feita de encontros e desencontros, e cada interação tem o potencial de nos transformar. Ao cultivarmos uma visão grata, nos tornamos não apenas mais resilientes, como também mais abertos aos outros. Isso cria um ciclo de positividade que impacta nossas relações e, consequentemente, a sociedade como um todo. Quando praticamos a gratidão, estamos contribuindo para um mundo em que a empatia e o amor prevalecem sobre o egoísmo e a apatia.

Nosso olhar sobre as relações humanas também deve incluir a compreensão de que cada pessoa tem sua própria história, suas pró-

“

Quando perdoamos, estamos libertando não apenas o outro, mas principalmente a nós mesmos.

”

prias batalhas e suas próprias gavetas. Ao nos relacionarmos, é essencial lembrar que todos somos um reflexo de nossa história pessoal. Essa consciência nos ajuda a sermos mais tolerantes e a aceitarmos as diferenças que nos cercam, algo cada vez mais difícil em tempos de tanta polarização.

Eu me canso de escutar: "Fulano tem uma outra visão de mundo, não dá para conversar". "Somos de 'bolhas' diferentes, e o diálogo se tornou inviável." Mas aí eu pergunto: o que você consegue aprender de verdade com alguém que pensa exatamente como você? Trocar figurinhas, rir junto, compartilhar afinidades… E onde está o aprendizado?

> **"Cada interação é uma troca de energia, uma chance de compartilhar a nossa essência."**

Acredito que cada interação é uma troca de energia, uma chance de compartilhar a nossa essência, incluindo nesse balaio tanto as virtudes quanto as imperfeições. De um lado e de outro, afinal estamos em um diálogo; pelo menos isso é o que se pretende, certo? Esse "baixar a guarda" cria um espaço seguro para que todos se sintam à vontade para serem quem realmente são. Somente assim é possível construir um ambiente onde a empatia possa prosperar.

O ponto do qual não podemos fugir é exatamente este: todo desentendimento, por mais incômodo que seja, sempre é um convite à reflexão. Você pode até concluir que é melhor se manter afastado de determinada pessoa, porque ela discorda de você apenas para ser do contra e isso não te acrescenta nada; pelo contrário, causa irritação e estresse desnecessários. Contudo, volto a frisar: os obstáculos não são somente barreiras, são também professores. Cada interação pode nos ensinar algo sobre nós mesmos, sobre nossas reações e sobre o que realmente valorizamos nas relações.

A gaveta do coração é uma memória que cura, porque direciona a minha atenção para as coisas pelas quais sou grato, e isso torna a vida mais leve e significativa. E não fui eu que descobri essa alquimia maravilhosa que podemos fazer a partir de uma simples triagem do que presta e do que não presta para ser guardado. Os próprios especialistas em neurociências e em psicologia positiva garantem que cultivar gratidão e reverberar isso estabelece uma base sólida para o nosso bem-estar emocional.

Eu guardo a minha experiência com a covid-19 dentro de uma imensa gaveta do coração, você sabia?

Cada sofrimento guardado tem um valor inestimável, e, ao olhar para todos os momentos difíceis com gratidão, consigo transformar a minha dor em aprendizado e a minha jornada como paciente nesta narrativa de superação que você lê agora.

Eu me despedacei completamente. Peças de um quebra-cabeça espalhadas em assoalho frio de hospital. Os dias se arrastavam, o mal não se resumia a apenas um vírus; havia uma sombra que se estendia, tocando vidas de maneiras que nunca imaginei. Acompanhei amigos e pessoas conhecidas lutando contra a doença, e, em cada história, vi um reflexo da minha própria batalha. O sofrimento se tornava um elo invisível que unia todos nós, um lembrete de que, mesmo diante da dor, não estávamos sozinhos. A empatia emergiu como uma luz em meio à escuridão, e, por mais que eu estivesse arrasado, a solidariedade tornou-se uma ponte que me conectava a outros, de profissionais da saúde a pacientes e familiares.

No meio desse caos físico, mental e espiritual, uma centelha de resiliência começou a brilhar. O primeiro passo foi reconhecer a dor não como uma inimiga, mas como uma professora. A dor me forçou a olhar para dentro, a confrontar medos que antes estavam enterrados sob a superfície da minha vida cotidiana.

Com o passar do tempo, a dor começou a se transformar. As marcas deixadas pela doença eram profundas, mas também passei a encontrar beleza nas pequenas vitórias. Um dia sem febre, uma respiração mais profunda, o calor do sol na pele após semanas de confinamento, alguns passos a mais na fisioterapia. Cada momento se tornava uma celebração silenciosa, um lembrete de que a vida continuava, mesmo que de forma diferente. Aprendi a valorizar as pequenas GRANDES coisas, a apreciar o simples ato de acordar e ter a chance de recomeçar.

Essa jornada de recuperação não foi linear. Havia dias em que a sombra da tristeza me envolvia, e eu me perdia no labirinto dos meus pensamentos. No entanto, ao olhar para dentro de mim, percebi que a fragilidade não era sinônimo de fraqueza. Em vez disso, era um convite para me reconstruir, peça por peça, como um quebra-cabeça que exigia paciência e amor. Cada lágrima derramada era uma gota de água que alimentava as sementes de resiliência plantadas no meu coração.

Já compartilhei aqui que a meditação se tornou uma ferramenta poderosa. Nos momentos de angústia, busco um espaço de silêncio, onde possa encontrar a paz interior. Aprendi a respirar. As respirações profundas se tornaram um mantra, uma forma de me reconectar com a vida. O simples ato de inspirar e expirar se transformou em um ritual sagrado, uma lembrança de que ainda estou aqui, vivo.

A meditação me ensinou a observar meus pensamentos sem me deixar levar por eles. Sou protagonista e espectador do mesmo filme, o que faz com que eu crie um elo vital de responsabilidade com essa história sobre o medo e a solidão, mas também sobre a esperança que teimou em brotar em meio ao desespero. Ouvi alguém dizer que estamos entrando em um momento de maior profusão de relatos sobre as vivências do período da pandemia, justamente porque o maior distanciamento no tempo nos permite elaborar melhor os tsunâmis internos provocados por essa catástrofe que chacoalhou os rumos da humanidade.

Cada detalhe vivido tem, sim, um significado que merece ser compartilhado, e acho que a pandemia nos ensinou a viver o presente com intensidade, tema no qual vou mergulhar no capítulo final. Ao olhar para trás, percebo que a experiência de adoecer em plena pandemia de covid-19 foi uma jornada de autodescoberta. Não sou mais a mesma pessoa de antes. As cicatrizes que carrego são marcas de luta e também de crescimento.

A gratidão se infiltrou na minha narrativa, mudando a forma como vejo o mundo. Ser grato, para mim, significa focar o que tenho hoje, em vez do que me falta. Essa perspectiva se alinha perfeitamente com uma conduta fundamental no judaísmo, o Birkat Hamazon, ou Bênção dos Alimentos, que orienta os judeus a expressarem gratidão por cada refeição. Usando a comida como metáfora, agradeço por tudo o que está ao meu alcance e me alimenta, pensando sobre todas as oportunidades e os desafios da vida.

Cada sofrimento guardado na gaveta do meu coração é um testemunho da minha força, uma prova de que sou capaz de enfrentar adversidades e emergir mais forte. O que antes me despedaçou agora é minha armadura, e a dor se transformou em um impulso para a transformação.

A gratidão se tornou meu mantra diário: agradeço não apenas pelas bênçãos, mas também pelas lições aprendidas com a dor. O simples fato de estar vivo, de respirar, de ter a chance de recomeçar, tornou-se um motivo para celebrar. Guardo essas experiências não como um fardo, mas como um *turning point* da minha mudança.

Você pode perguntar: "Mas, Luciano, o quão grato você é pela vida que tem hoje?". Essa pergunta também ecoa na minha mente e me leva a refletir sobre os aspectos mais profundos da gratidão. Ao longo da minha jornada, percebi que a gratidão não é apenas um sentimento passageiro, é uma prática que passou a moldar minha experiência diária. Não é só reconhecer as bênçãos que recebi, mas entender que ser agradecido é uma forma de honrar a vida que me foi restaurada.

Desde que me dei conta disso, minha perspectiva mudou. Antes, eu frequentemente me deixava levar pela rotina, pelo trabalho, pelas obrigações que pareciam nunca ter fim. A ideia de que eu precisava parar parecia procrastinação. Eu me culpava por isso. Mas, com o tempo, compreendi que não estamos apenas em um ciclo de tarefas e compromissos; estamos vivendo uma experiência única que merece ser celebrada e cuidada. A gratidão é um agradecimento profundo e, ao mesmo tempo, uma forma de dizer a mim mesmo: "Eu mereço". É uma questão não de necessidade, mas de merecimento. Mereço momentos de descanso, de reflexão, de prazer e de alegria. Mereço me sentir bem comigo mesmo, tanto fisicamente quanto emocionalmente. Essa mudança de mentalidade foi um divisor de águas na minha vida.

> **“A gratidão é um agradecimento profundo e, ao mesmo tempo, uma forma de dizer a mim mesmo: “Eu mereço”.”**

Nesse sentido, a gratidão é uma declaração de amor-próprio. Um lembrete de que mereço cuidado, atenção e compaixão. Cada passo que dou nessa jornada é uma forma de honrar minha vida e a pessoa que eu sou. Ao aprender a cuidar de mim mesmo, também me tornei mais capaz de cuidar dos outros. O amor que cultivo no meu interior se reflete nas minhas interações, nas minhas relações e na maneira como abraço o mundo.

Em cada pequeno gesto, reafirmo minha gratidão pela vida. Não se trata somente de mim, mas da conexão que tenho com tudo ao meu redor. Ao cuidar de mim, estou contribuindo para um mundo mais amoroso e compassivo. Estou aprendendo a ser uma pessoa melhor, não apenas para mim, mas também para aqueles que cruzam o meu caminho.

Na grande gaveta do coração onde guardo a minha gratidão por tudo o que passei, também revisito as pequenas vitórias diárias. Antes de dormir, reflito sobre o meu dia, uma prática simples que transformou a maneira como vejo o mundo. Em vez de me concentrar nas dificuldades, procuro valorizar os momentos bons, remotos ou recentes, por mais insignificantes que possam parecer. Essa mudança de foco não apenas melhora meu estado de espírito, como também me ajuda a perceber a beleza que está presente na minha vida cotidiana.

Já mencionei as pequenas práticas de autocuidado no meu dia a dia. Tempo para rezar, meditar e fazer exercícios físicos. As pequenas pausas me permitem conectar-me com meus pensamentos e sentimentos, criando um espaço de calma antes que o dia realmente comece. Isso não apenas me ajuda a reduzir a ansiedade, como também é um lembrete do quão preciosa é a vida.

Claro que a minha jornada de superação não terminou. A vida continua a me desafiar, e estou pronto para enfrentar o que vier. A covid-19 pode ter me despedaçado, mas também me ensinou a arte da reconstrução.

Eu sou um quebra-cabeça em constante evolução, e cada nova peça que encontro é uma resenha de crescimento. O futuro pode ser incerto, mas a luz que encontrei dentro de mim brilha intensamente.

Neste ponto tão iluminado, quero convidar você a olhar para suas próprias experiências.

O que você gostaria de guardar em uma gaveta do coração?

....

....

....

....

Quais sofrimentos podem se transformar em aprendizado?

....

....

....

....

A vida é um mosaico de momentos, e mesmo os mais difíceis podem nos ensinar lições valiosas. Ao olharmos para dentro de nós mesmos, encontramos a força que muitas vezes não sabemos que temos. E assim, seguimos em frente, cada um no seu próprio tempo, um dia de cada vez.

Quero compartilhar aqui um momento muito especial que guardo em uma das muitas gavetas do meu coração e sempre acesso para me lembrar da importância de parar, estar presente e escutar a vida, adentrando já o tema do próximo capítulo.

Não foi o meu melhor dia. *Bad thoughts* formavam uma névoa densa sobre mim, obscurecendo até mesmo os raios de sol que tentavam entrar pela janela. Meus projetos não pareciam caminhar como eu esperava; as pequenas frustrações se acumulavam como pedras em meus ombros. Sou um cara pilhado, quem me conhece sabe, mas, às vezes, a tempestade interna deixa tudo mais difícil.

Então, parei por um instante. Era de manhã, eu estava em casa e, momentaneamente, voltei meu olhar para fora da janela. A cena que se desenrolava na piscina, à minha frente, era um contraste tão vibrante com o que eu sentia. Meus filhos, com sorrisos largos e risadas contagiantes, mergulhavam na água como se cada gota fosse feita de alegria pura. A inocência deles era como luz em meio à escuridão que eu carregava. Eles brincavam e se divertiam, completamente alheios às minhas ansiedades.

Naquela fração de segundo, percebi que a vida estava ali, pulsando intensamente, na simplicidade daquele momento. A água refletia o sol, criando pequenos diamantes sob as ondas, e os risos deles eram melodia pura, uma expressão de alegria que ecoava na minha alma. A vida, em sua forma mais simples, estava ali, brilhando na inocência da infância. Eu queria capturar aquele instante, mas percebi que as melhores memórias não precisam de câmeras, apenas de atenção. Cada momento conta uma história, e, para absorvê-la em todas as suas nuances, só precisamos estar ali.

Foi como se, ao observar aquela cena, eu fosse puxado de volta ao presente. As preocupações que pareciam tão grandes ficaram pequenas diante da celebração da vida. A inocência deles me lembrava de que, mesmo em dias difíceis, sempre há um espaço para viver. Sorri, deixando que o calor daquela cena aquecesse meu coração. A vida, em sua essência, é uma sinfonia infinita e merece ser ouvida com um coração agradecido.

Para finalizar, quero que você pense no que significa escutar a vida e faça disso um mantra para você:

escute a vida, escute a vida, escute a vida...

É o que eu sempre repito para mim mesmo.

As lições estão nos detalhes, nas interações, nas histórias que se entrelaçam. É muito mais do que simplesmente ouvir sons; é estar presente, atento, aberto às experiências. Um convite para mergulhar nas emoções, dificuldades e alegrias. A vida não é sempre fácil, e, às vezes, os sons que escutamos podem ser desafiadores. No entanto, ao abraçarmos cada vibração, encontramos um significado mais profundo.

Como você já percebeu, nesse processo de escutar eu também aprendi a ouvir mais a mim mesmo. Minhas emoções começaram a se revelar, como se finalmente tivesse dado espaço para que elas se expressassem. O que antes era apenas um turbilhão de pensamentos se tornou um diálogo interno. Questões que sempre estavam lá, mas que eu ignorava, começaram a emergir. O medo, a insegurança, a esperança. Tudo fazia parte da minha jornada, e, ao escutar, comecei a entender e aceitar.

A vida se revelou uma luta parecida com aquela do tatame que frequentei durante tantos anos. Um movimento constante de altos e baixos, e cada deslize ou passo em falso é uma oportunidade de desenvolvimento. Aprendi que escutar é um ato de amor, tanto com os outros quanto comigo mesmo. É um reconhecimento da humanidade que nos une, das experiências que compartilhamos, das dores que nos conectam e das alegrias que celebramos.

De hoje em diante, procure fazer um esforço consciente para escutar mais. Não apenas os sons ao seu redor, mas também as vozes internas que muitas vezes são abafadas pela correria do cotidiano. A vida é um diálogo constante, e podemos ser participantes ativos nesse intercâmbio.

> **"A vida é um diálogo constante, e podemos ser participantes ativos nesse intercâmbio."**

Cada pessoa que encontramos, cada situação que vivemos carregam lições e histórias que merecem ser ouvidas e, sempre que possível, guardadas na gaveta do coração.

TEMPO É TUDO O QUE TEMOS – VIVA 100% CADA MOMENTO

"O que nos faz humanos é a capacidade
de transformar dor em sabedoria."
– Rabino Nilton Bonder

Quando tudo for destruído, quando todas as cartadas tiverem sido dadas, uma Força Maior virá não sabemos de onde e nos fará renascer. Experimentei isso nos momentos mais críticos já relatados, envolvendo entubação e dor extrema. Por essa razão, respeito todas as crenças e religiões, afinal todas elas propagam a verdade de que a vida é um milagre.

No caso do judaísmo, essa noção do milagre de existir é a mais abrangente possível, pois entendemos que tudo, absolutamente tudo, incluindo o que nos faz sofrer, é resultado da Providência Divina. É essa certeza que não nos deixa perder o chão e *retifica* a alma. Reconheço que acordei para essa verdade de uma maneira muito dura, mas aprendi a lição e faço questão de propagá-la para todos que me acompanham.

Do meu livro de cabeceira, *O jardim da emuná*, a ideia da "retificação de si mesmo" é uma daquelas com as quais mais me identifico, porque tudo pelo que passei e ainda passo me faz exatamente empreender essa jornada de correção da própria alma. Esse é o grande Trabalho ao qual devemos nos dedicar diariamente.

Quando converso com as pessoas, vira e mexe ouço reclamações de excesso de trabalho, cansaço extremo, súplicas de paz e tranquilidade, então penso comigo mesmo e... peço exatamente o contrário. "Como assim, Luciano?" Enquanto estamos aqui, a nossa missão é *trabalhar*. Pronto, virei o terror dos aposentados! (risos).

Calma, gente.

Claro que não se trata da expressão "trabalho", que deriva do latim *tripalium* e, curiosamente, está associada até a algum tipo de tortura;

para nós, um expediente para acumulação de bens e capital. Refiro-me ao Trabalho Maior, aquele por meio do qual nos dedicamos a reformar e a construir a melhor versão de nós mesmos, tornando-nos seres inteiros de corpo, mente e alma.

Sim, Trabalhar muito e todo o tempo é uma maneira de honrar a dádiva da vida.

Costumo afirmar que a doença foi um presente, porque a vida é um presente, e a doença me fez aprender a honrar a vida.

Recentemente, eu postei nas minhas redes uma fala da Monja Coen, pensadora das mais brilhantes da atualidade, em que ela se referia a uma de suas frases preferidas: "O sábio é aquele que lê os sinais do caminho".

Isso confirmou meu entendimento. A experiência com a covid-19 foi justamente o ponto da minha jornada em que tudo passou a fazer sentido.

No capítulo anterior e ao longo de todo o livro, procurei demonstrar como a máxima "Escute a vida" tornou-se um guia para mim. Aprendi a valorizar os momentos simples, a encontrar significado nas pequenas GRANDES coisas. Ainda, reforcei que essa escuta não se limita apenas aos sons externos, abrange também os internos.

Eu perguntei a mim mesmo: por que eu me salvei? Qual é o sentido do "chacoalhão bíblico" que a vida me deu? O que a minha conexão com o sagrado e comigo mesmo pode fazer pelo mundo?

Este livro nasceu a partir desses três questionamentos. E também de um sentimento de urgência de que precisamos prestar mais atenção. Sempre que nos importamos, é porque estávamos presentes, adaptando uma sábia observação do poeta Carpinejar.

Se o saudoso Abujamra ainda estivesse por aqui com suas necessárias provocações, ele me perguntaria: "Depois de tudo, diga, Luciano, o que é a vida?". Eu responderia sem titubear: a vida é um convite constante para que escutemos atentamente.

Compreendo a minha jornada, porque sempre olho para trás, mas só posso continuar vivo olhando para a frente. Essa dualidade entre o passado e o futuro nos obriga a absorver as lições que a vida nos oferece a cada instante. No mundo de hoje, entre o ruído e a pressa, nos esquecemos frequentemente de parar, respirar e escutar. Sim, estou me referindo a um ato de profunda atenção, uma prática de *mindfulness*, como dizem os especialistas, que nos conecta ao presente.

Eu sempre terminava as sessões de pesquisa e conversas para a escrita deste livro profundamente agradecido, porque estar presente é a maior forma de respeito que podemos demonstrar pela vida, pelas emoções que nos atravessam e por cada ser humano com quem compartilhamos essa existência.

Achamos que sabemos escutar desde que nos entendemos por gente, porque respondemos aos estímulos sonoros ao nosso redor. Mas será que nós escutamos o canto do Universo? Em que momento, no turbilhão do dia a dia, lembramos que somos parte de algo muito maior?

A vida não é apenas um fluxo de eventos; a minha história e a sua também são uma sinfonia de interações, em que cada qual tem o seu papel. Refletir sobre nosso lugar nesse vasto cosmos parece coisa de filósofos, religiosos, grandes pensadores, como o rabino Shalom Arush ou a Monja Coen, aqui citados. Mas não é. Nós, judeus, herdamos a terra e o direito de existir de nossos antepassados e temos a mesma

“A vida não é apenas um fluxo de eventos; a minha história e a sua também são uma sinfonia de interações, em que cada qual tem o seu papel.”

responsabilidade sobre tudo isso. Essa compreensão nos instiga a respeitar o legado que deixaremos para as futuras gerações.

O que significa, então, escrever um livro sobre mudar a vida e a minha necessidade de expressar gratidão? Significa ser consciente das minhas ações e de suas repercussões, não apenas em minha própria vida, como também na vida de pessoas próximas e do planeta. Sabe qual é o meu sonho hoje? Que este livro e as palavras nele contidas ensinem mais alguém a valorizar as histórias que a vida nos conta.

Os livros e o fomento à leitura são parte da minha missão na Terra, porque eles ecoam a verdadeira essência dos seres humanos. Cada pessoa que conhecemos tem uma narrativa, uma vivência que molda sua existência. Ao tomarmos conhecimento dessas histórias, ampliamos tanto a nossa compreensão do mundo quanto a capacidade de nos colocarmos no lugar do outro. Se o tempo é o tecido da vida, como disse Antonio Candido, a vida é uma estamparia rica e complexa, tecida com os fios das experiências humanas. Quando você terminar de ler este livro, mesmo que se passe muito tempo, tenho certeza de que vai se lembrar do quanto ser grato, mesmo em momentos de dor e dificuldade, é essencial. "O que não nos mata nos torna mais fortes", disse o filósofo Nietzsche. Reconhecer que a dor faz parte do processo não pode invalidar o ganho que todos temos ao lidarmos com ela. Uma das vozes mais lúcidas do mundo, a

> **"Escutar a vida, portanto, é também reconhecer que a dor é parte do processo, e, ao aceitá-la, encontramos a força para seguir em frente."**

do escritor israelense Amós Oz, surpreendeu a todos quando afirmou que, embora contra a sua vontade, Hitler e Stálin fizeram um grande bem à humanidade ao presenteá-la com o medo do fanatismo e da violência.

Essa afirmação nos lembra que as adversidades, quando compreendidas, podem se transformar em poderosas lições.

Cada desafio é uma oportunidade para crescer, para aprender a arte da resiliência. Escutar a vida, portanto, é também reconhecer que a dor é parte do processo, e, ao aceitá-la, encontramos a força para seguir em frente.

A dor, com toda a sua brutalidade e inconveniência, é uma forma de escutar a vida. Assim como quando lemos os versos de um poema somos transportados para a alma do autor, para suas alegrias e tristezas, por meio da dor escutamos aquilo que a vida quer nos dizer e, na maioria das vezes, não prestamos atenção.

Não paramos nem mesmo para contemplar a beleza que nos cerca – o brilho de uma gota de orvalho, a luz do sol ao amanhecer –, quanto mais para refletir sobre a complexidade natural da vida.

Mas atenção: não acho que a vida seja uma questão a ser resolvida. Muito pelo contrário, em sua forma mais pura, ela beira o inefável, aquilo que não pode ser descrito ou explicado, ao mesmo tempo que nos permite saber tudo o que precisamos saber.

Sabe aquela cena antológica do filme *Matrix* em que o Oráculo aparece na cozinha? A sabedoria suprema, aquilo que tudo vê e tudo sabe, vindo por meio da simplicidade do cotidiano.

A nudez assusta e nos é tão reveladora porque não há mais nada encobrindo. O mesmo ocorre na jornada de autodescoberta em que somos levados pela dor; em termos psicanalíticos, equivale a um processo de introspecção, de questionamento e de busca por significado. Nessa busca, sinto que encontrei a maravilha da transformação. A vida não é uma série de mudanças naturais e espontâneas. Pelo contrário. E nós geralmente somos muito resistentes, o que aumenta ainda mais o sofrimento.

A mudança nos permite fluir com a vida, adaptando-nos às suas marés. Volto a afirmar que somos apenas peões em um grande jogo de xadrez sobre o qual não temos nenhum controle. Então, só nos resta abraçar o que está por vir. O grande mestre Paulo Freire disse, em sua última entrevista, que nenhuma realidade é "assim mesmo", existe sempre a possibilidade de intervir e mudar. Em outras palavras, a responsabilidade é nossa, de cada um de nós. A vida é feita de conexões. Cada conexão que estabelecemos é uma oportunidade de mudar, aprender, evoluir.

> **"Cada conexão que estabelecemos é uma oportunidade de mudar, aprender, evoluir."**

Para isso, temos de cultivar a comunicação autêntica, na qual os encontros sejam momentos sagrados para o entendimento mútuo. Ao nos abrirmos para os outros, encontramos não apenas a diversidade das experiências humanas, mas também a força transformadora da solidariedade.

Eu viajei ao inferno e voltei disposto a conduzir minha vida de maneira diferente.

Por que hoje eu rezo e medito todos os dias? A espiritualidade é a linguagem da alma, tudo o mais é uma tradução malfeita. Nesses momentos de introspecção, encontro a oportunidade de me conectar com o meu "eu" mais profundo, aquele ao qual fui apresentado nos quartos de hospitais, entre uma cirurgia e outra. Eu me permito escutar a voz interna, porque, assim, consigo escutar não apenas o que está ao meu redor, como também a minha própria essência.

Parafraseando o próprio Buda, procuro seguir por uma espécie de "caminho do meio", entre o que está planejado e o que de fato acontece. Isso me permite lidar melhor com o inesperado e também prestar atenção aos sinais que a vida me apresenta. Muitas vezes, aquilo que preciso aprender não está no que procuro, mas no que encontro pelo caminho, como foi o caso da covid-19 na minha vida.

E, sim, havia um tsunâmi no meio do caminho. Peço licença para fazer essa alusão ao livro fantástico das autoras Deborah Telesio e Marie Weinberg, que tem uma frase similar como título, não por acaso. As duas sobreviveram a um tsunâmi real durante suas férias na Tailândia e fizeram um relato fabuloso sobre resistência e superação.

A gratidão é uma prática fundamental para aqueles que caminham com a vida, e não contra ou apesar dela. Quando somos agradecidos, tornamo-nos mais sensíveis às bênçãos que nos cercam. Ao enxergarmos a condição humana com um coração grato, reconhecemos a grandeza nas pequenas coisas e aprendemos a valorizar cada momento.

"A gratidão é uma prática fundamental para aqueles que caminham com a vida, e não contra ou apesar dela."

Ser grato também implica fazer um exercício de presença. O título deste capítulo final propõe viver 100% cada momento, e isso nada mais é do que um convite para retornarmos ao aqui e agora, o único tempo que temos. É nesse tempo que a vida se revela em toda a sua plenitude, e cada instante é uma oportunidade para amar, aprender e crescer.

Por meio da gratidão, encontramos o eco do que somos. Quando estamos imersos no ressentimento ou dominados pela raiva, temos uma visão turva, deturpada da realidade. Ao passo que, quando aceitamos e agradecemos, tornamo-nos mais conscientes de nossas escolhas e ações. Essa consciência foi o primeiro passo para o meu *life-changing* pós-covid-19.

Tentando ser o mais didático possível em relação a esse termo em inglês que aparece algumas vezes aqui no livro, "*life-changing*" refere-se a experiências, eventos ou decisões que têm um impacto significativo e duradouro na vida de uma pessoa. Especialistas em psicologia frequentemente utilizam esse conceito, reconhecendo que as mudanças de vida podem ocorrer em várias áreas, incluindo saúde, relacionamentos, carreira e autoconhecimento.

Para muitos, uma experiência de *life-changing* pode ser um momento de epifania, como a superação de um desafio pessoal, a adoção de um novo estilo de vida ou a realização de um sonho. Essas experiências geralmente resultam em uma nova perspectiva sobre a vida, levando a mudanças comportamentais e emocionais profundas. Por exemplo, a descoberta de uma nova vocação profissional pode motivar uma pessoa a mudar de carreira, como ocorreu com a minha filha Sassá, que recentemente criou a sua própria marca de moda e está se revelando uma estilista e empresária de respeito. No meu caso, a superação de uma doença terrível levou a importantes mudanças no meu jeito de ser e de enxergar a vida.

Embora desafiadoras, essas transformações, sem dúvida, abrem portas para novas oportunidades e um maior sentido de propósito. Eu, por exemplo, percebi que era capaz de moldar um novo Luciano e viver uma vida adequada aos meus valores mais profundos.

A gratidão que me propus a abordar neste livro é, antes e acima de tudo, um ato de amor – por mim, pelos outros e pelo mundo. Amar é agradecer, pois, quando amamos, nos tornamos mais receptivos e abertos às histórias que nos cercam. Veja quantas vidas se interconectaram desde que me tornei colostomizado e passei a interagir com pessoas na mesma situação. Essa é a essência da verdadeira conexão humana, em que somos capazes de ver além das aparências e reconhecer a humanidade que habita em cada um de nós.

Um ser humano grato é aquele que encontra beleza na imperfeição. Cada limitação, cada falha é uma parte integrante da nossa história. Ao compreendermos isso, aprendemos a aceitar essas imperfeições como parte do processo, como degraus que nos levam ao crescimento e à transformação.

> **Um ser humano grato é aquele que encontra beleza na imperfeição.**

Dá para entender por que a gratidão não tem nada a ver com acomodação ou passividade, não é?

Ao contrário, tornar-se uma pessoa agradecida é um baita chamado à ação. "Seja a mudança que você deseja ver no mundo", disse Mahatma Gandhi. Ao agradecermos por tudo, também somos inspirados a agir, a fazer escolhas que reflitam nossos valores e aspirações. Cada ato de gratidão é um passo em direção à transformação, não apenas em nossa vida, mas também na vida daqueles que nos cercam.

A doença foi um presente, é um mantra que repito sempre, porque a vida é um presente, e, ao vivê-la com presença e atenção, abrimos as portas para um mundo de possibilidades, para uma existência rica e significativa.

Sabe qual é o meu maior desejo neste momento? Que, depois de ler este livro, você possa sempre se lembrar de agradecer pela sua vida. Essa mesma, que traz sofrimento, mas também oferece muitos ensinamentos por meio das histórias e dos momentos que nos definem. Ao vivermos a vida e agradecermos por essa oportunidade única, tornamo-nos plenamente humanos, conectados uns aos outros e ao universo em que habitamos. Que essa disposição nos acompanhe sempre, guiando-nos em nossa busca por significado e conexão.

> **“Se a vida for um grande banquete, cada prato servido é uma nova oportunidade de aprendizado.”**

Se a vida for um grande banquete, cada prato servido é uma nova oportunidade de aprendizado. Devemos nos permitir sentir, errar, recomeçar. E, quem sabe, um dia, ao olharmos para trás, possamos perceber que o verdadeiro sabor da vida está na soma de todos esses processos, no entrelaçar de experiências que nos tornam quem somos.

Gratos por cada garfada.

TESTEMUNHAL

Essa é uma história sobre renascimento, resiliência, força, garra, superação, coragem... Acima de tudo, é uma história sobre amor. O amor que dá valor e tem gratidão pelas coisas simples do dia a dia. O amor que impulsiona a superar qualquer obstáculo, só para poder viver mais um dia. Mesmo naquele hospital. Mas sempre cercado de amor.

O merecido amor que ele conquistou, espalhando sorrisos, simpatia, doçura e bondade, sempre, por onde passou, a vida toda.

Bom filho, amigo fiel, marido excepcional, pai apaixonado. Este livro é dele, mas também é um pouco de cada um de nós, da família e dos amigos queridos que deram seu depoimento por aqui. De todos que estiveram conosco nessa longa, dolorosa, mas vitoriosa caminhada.

– Luhanna Szafir

Eu me senti perdida, angustiada e até com raiva pelo fato de o meu pai ter escondido que estava tão mal por causa da covid-19, a ponto de chegar a ser internado. Minha mãe me avisou, e eu interrompi imediatamente a minha viagem de lua de mel para voltar ao Brasil e ficar com ele. Quando eu era pequena, ele costumava brincar de ser o Clark Kent, imitando aquele topete em redemoinho e usando camisetas com o 'S' gigante. Ele sempre quis que eu o visse como o próprio Superman.

– Sasha Meneghel

Quando soube, fiquei em choque. Fiquei muito triste e com medo de perder meu pai, mas tentei ao máximo não me abalar e cuidar da minha mãe. Hoje, sou imensamente grato por ele estar vivo. Meu pai é um vencedor que eu amo.

– David Szafir

Era um momento de desespero toda vez que eu ia abrir a porta para ver se meu pai estava lá. Ele é a minha base; sem ele, eu me sinto perdido. Meu pai e minha mãe são o meu mundo. Não consigo imaginar a vida sem ele, e sou grato a Deus por ter salvado meu pai.

- Mikael Szafir

Luciano, meu filho tão doce e amado. Após o pesadelo que foi a sua doença e quase morte, só me ocorre uma frase:

GRATIDÃO A DEUS PELA SUA VIDA!

Te amo.

- Beth Szafir

Querido Lu, temos uma relação muito forte. Ser sua irmã gêmea sempre me deu a sensação de que falávamos por telepatia, pelo olhar. Passamos por várias fases nas nossas vidas, mas sem nunca colocar em dúvida o amor que sentimos um pelo outro. As experiências que vivenciamos, boas e ruins, e que não foram poucas, no final serviram para amadurecer e fortalecer nossa relação.
Te amo e te admiro muito!

– Priscila Szafir (irmã)

Nunca vou esquecer o dia em que a Luhanna me ligou. Eu estava no escritório, em Alphaville. Nem deu tempo de pensar muito, só peguei as chaves, entrei no carro e fui para o Rio de Janeiro com a roupa do corpo mesmo. A viagem inteira no telefone: conversando com médico, com amigos, tentando entender, ajudar, resolver. Quando cheguei lá, a cirurgia já estava em andamento, pois era um caso extremamente sério... A cada momento, aparecia um novo desafio. Tivemos que mudar de hospital, trocar de equipe médica, ajustar os planos várias vezes. Mas, no fim, todo mundo fez a sua parte. Um ajudando aqui, outro ali. Foi uma batalha. Mas vencemos. E hoje, quando olho para tudo o que aconteceu, sinto gratidão. Pelas pessoas que estiveram conosco, pela força que a gente encontrou e, principalmente, por ter dado certo.

– Salomão Szafir (irmão)

Lu, eu não sabia o quanto gostava de você até quase te perder. Se cuida, pelo amor de Deus! E parabéns pela coragem de reviver, em um livro com uma mensagem tão inspiradora, tudo aquilo que todos nós queremos esquecer.

- Xuxa Meneghel

Rei do meu humilde reinado, irmão que a vida me deu de presente, e ele segue absurdamente lindo! Luciano é o meu maior exemplo de generosidade e amizade. Amo infinitamente!

- Claudia Gutierres (amiga)

Falamos por telefone no início da noite, e estava tudo bem. No dia seguinte, quando liguei novamente, fiquei sabendo pela Luhanna da cirurgia de emergência. O sentimento de que eu poderia naquele momento perder meu melhor amigo para a covid-19 sem poder fazer nada foi angustiante e horrível. Espero nunca mais sentir isso novamente.

- Sandro Lopes (amigo)

Ainda bem que, naquele dia mais crítico, Ele segurou com a mão mais fraca e escorregou; por muito pouco mesmo o meu irmão não se foi!

- Otavio de Almeida Jr. (amigo)

“Falar da minha amizade com o Lu é uma tarefa simples e, ao mesmo tempo, muito complexa. Nossa amizade sempre se deu por confiança, afinidade e muita cumplicidade. Uma amizade de irmãos. Somos exatamente o que somos, sem nada ter que explicar. Somos ombros amigos nos momentos alegres e tristes.”

– Bottino Natale (amigo)

“Começamos como fisioterapeuta e paciente; hoje somos irmãos!”

– Nivaldo Baldo (amigo)

“Vi o Luciano desafiar a morte de frente. Estava ao seu lado quando seu coração disparou a quase 220 batimentos por minuto, até que silenciou por completo. Por alguns segundos, ele deixou de existir... E, então, diante dos meus olhos, voltou à vida. Foi como presenciar um renascimento, um milagre em carne e osso.”

- Adriano Stancati (amigo)

“Nunca deixe de agradecer. Deus está sempre cuidando de cada detalhe da sua vida. Mesmo nos dias difíceis, mantenha a fé, pois as coisas vão se ajeitar, e tudo dará certo. Confie, porque, mesmo quando não percebemos, Deus continua fazendo o melhor.”

- Carolina Lana (auxiliar de enfermagem)

Criou-se uma amizade e um laço de confiança nas horas mais difíceis da sua vida. Algo que o tempo e a distância nunca vão desfazer.

– Luciano Borba (enfermeiro)

Cada paciente possui a sua história de vida, da causa que o aflige, de como se recuperou. Fácil não foi. Mais marcante que tatuagem e simplesmente único. Lu, tenha a certeza de que sua história estará sempre na gaveta do meu coração e da minha história profissional.

– Ana Paula Moura de Lourdes (enfermeira/estomaterapeuta)

Com o Luciano, que, além de paciente, tornou-se um grande amigo, aprendi o real significado de 'emergir das cinzas'. Participei de todo o seu sofrimento, o que me fez absorver diversas coisas maravilhosas. Aprendi que é na adversidade e no sofrimento que a coragem e a fé se fortalecem e, com isso, podemos continuar na luta pela vida. Jamais devemos nos abater por nada, pois tudo tem um propósito, depende apenas de como isso é encarado. O Luciano usou todos esses recursos para crescer, ser um novo homem, mais forte e mais humano, um vencedor! Ele é ÚNICO... Eu o admiro muito. Meu grande amigo é um exemplo de coragem, resiliência, luta, amor pela família e vitória. Um verdadeiro 'Super-Homem'.

– Dra. Ulysséa Menezes da Costa Oliveira Pinto (médica)